돈 잘 버는 공인중개사의
비밀 노트

KB077390

돈 잘 버는 공인중개사의 비밀 노트

초판 1쇄 2022년 12월 08일

지은이 제승욱 | **펴낸이** 송영화 | **펴낸곳** 굿웰스북스 | **총괄** 임종익

등록 제 2020-000123호 | **주소** 서울시 마포구 양화로 133 서교타워 711호

전화 02) 322-7803 | **팩스** 02) 6007-1845 | **이메일** gwbooks@hanmail.net

© 제승욱, 굿웰스북스 2022, *Printed in Korea.*

ISBN 979-11-92259-69-7 03320 | 값 **15,000원**

The Secret of The Top

고객을 부자로 만들어주는

돈 잘 버는 공인중개사의
비밀 노트

제승욱 지음

굿웰스북스

1. 이종혁 (한국공인중개사협회장)

사람들은 누구나 성공을 꿈꾼다. 정답은 없다. 하지만 반드시 남과는 다른 자신만의 생산성을 높일 수 있는 방법이 있어야 성공이 더욱 가까워진다. 이 책은 현재의 부동산중개 시장에서 '그 누구보다 뛰어나고 싶을 때' 그 방법을 안내한다. 중개 현장에서의 실무 태도, 업무 관리, 책임감, 시간 관리, 주의력과 정보 접근성 등 실제 업무에 적용해볼 수 있는 다양한 비밀 노트를 수록, 자신만의 고유한 방법으로 접목하며 각각의 핵심 포인트를 짚어주고 있다.

2. 고상철 (주) 미스터 홈즈 중개법인 대표

부동산 시장에 뛰어든 지 25년 차로서 중개사 교육을 하면서 늘 하는 말이 있다. 계약서만 쓰는 중개사가 아니라 투자하는 중개사가 되어야 한다고…. 그래야 고객 입장에서 원하는 것이 보이고 실력을 갖춘 중개사가 될 수 있기 때문이다. 이번 제승욱 대표의 책은 이런 목마름과 갈증을 한 방에 해소해주는 그런 책이다. 투자하고 돈 버는 중개사가 되려면 반드시 보시기를 적극 권유합니다.

3. 김종언 Humphreys Hills 공인중개사 대표/소장 (저서 『부동산 중개업은 심리학이다』 외 다수)

부동산 중개 현장을 30년 넘게 경험한 개업공인중개사로서 지금도 현장을 누비고 있다. 중개업은 기다리는 직업이 아닌 찾아가는 서비스업이다. 제승욱 소장의 『돈 잘 버는 공인중개사의 비밀 노트』에는 중개업 성공의 열쇠가 담겨 있다. 이 책은 개업공인중개사의 성공 비법의 길잡이가 될 것이다.

4. 최원철 ㈜ 상가 몽땅 대표, 상가 전문가 (저서 『상가 중개실무 바이블』 외 다수)

나와 제승욱 교수 인연은 10여 년이 돼가는 것 같다. 내가 본 제승욱 교수는 최선을 다해서 자기 계발을 하고 실전에 강한 사람이다. 말 그대로 '제대로' 모든 것을 하는 사람이다. 그런 저자가 공인중개사들을 위하여 저자의 실전과 경험을 토대로 공인중개사들을 위하여 책을 출간하였다. 이 책을 읽는 독자는 행운이라고 할 수 있다. 그 이유는 저자의 오랜 경험을 습득할 수 있는 책이기 때문이다.

돈 잘 버는 공인중개사는 무엇이 다른가?

나는 개업공인중개사다. 그리고 부동산학 박사이자 대학교수다. 뿐만 아
니라 대학교, 학원, 기업체에서 강의를 하고 있는 강사다. 그리고 투자자,
작가 등 여러 가지 직업을 가지고 있다. 그중에서 가장 애착이 가는 직업은
개업공인중개사다. 나의 인생에서 가장 어려운 시기에 부동산 중개를 시작
했고 덕분에 돈을 많이 벌 수 있었다. 그러나 처음부터 돈을 잘 벌지는 못
했다. 중개업 현실은 나의 바람과 너무 달랐기 때문이다. 우리나라에는 공
인중개사 자격증을 가지고 있는 사람이 46만 명이나 된다. 그중에서 중개
업을 창업한 개업공인중개사가 약 11만 명이 넘는다. 부동산 공화국이라고
해도 과언이 아니다. '풍요 속의 빈곤'이라는 말이 딱 맞다. 부동산 중개업
시장도 많은 변화가 일어나고 있다. 요즘 경기 불황과 취업난 속에서 젊은
공인중개사의 중개업 진출이 늘어나면서 많은 변화를 가져왔다.

예전의 공인중개사들은 인맥이 넓은 지역 토박이들이 성공을 했다. 또는
일찍 출근해서 광고할 전단지를 돌아다니면서 전봇대에 붙인다. 누가 더

빨리, 더 많이 붙이느냐에 따라 성패가 결정되었다. 이것도 하지 않은 부동산은 계약도 어려웠다. 당시 부동산 사무실에 오는 손님들은 주로 전봇대의 전단지를 보고 많이 왔다. 그러다가 벼룩시장 정보지가 나왔을 때는 벼룩시장을 최대한 활용했다. 그때는 공인중개사들이 벼룩시장에 물건을 올리는 게 하나의 일상이었다.

점차 인터넷이 발달하면서 네이버, 다음 부동산이 물건을 휩쓸었고, 지금은 블로그, 유튜브, 인스타그램, 페이스북과 같은 SNS 전성시대가 되었다. SNS 활동을 하지 않고 손님들과 소통하지 않으면 중개업에서 성공하기 어렵다. 요즘 사람들은 남녀노소 스마트폰을 사용하지 않는 사람이 없다. 스마트폰으로 정보도 공유하고 의사소통도 한다. 스마트폰이 하루라도 없으면 무기력증이 올 정도로 스마트폰은 필수품이다.

돈 잘 버는 공인중개사는 무엇이 다른가? 그것은 시대의 변화에 빠르게 적응하는 능력의 차이라고 생각한다. 세상은 스마트폰의 광고 시대인데 아직도 전단지를 만들고 있으면 실패할 확률이 높다. 책의 내용 중에 돈 잘 버는 공인중개사의 비밀 노트 10가지를 꼭! 기억하길 바란다.

1. 월 천만 원을 벌 수 있는 장소인가?
2. 타 공인중개사와 차별성이 있는가?
3. 계약에는 2등이 없다. 단, 공동 1등은 있다
4. 계약이 계약을 낳는다. 손님이 손님을 부른다
5. 수수료 깎아주는 게 서비스는 아니다
6. 중개업의 꽃은 가계약금이다
7. 부동산 중개의 맛
8. 잘나가는 공인중개사의 8가지 비밀 노트
9. 부동산 중개업 마케팅 성공 노하우
10. 부동산 중개 성공의 법칙

  내가 『돈 잘 버는 공인중개사의 비밀 노트』라는 책을 낸 이유는 개업공인중개사로서 달라진 중개업 현실에서 성공하는 방법을 제시하고 공인중개사도 부자가 될 수 있는 방법을 알려주기 위해서다. 이미 세상에 나와 있는 부동산 중개업 관련 책은 너무 많다. 그러나 그런 책들은 대부분 50~60대의 성공한 개업공인중개사들의 옛날 중개 방식에 대한 내용이었다. 그런

의미에서 이 책은 다음과 같은 분들에게 도움이 될 것이다.

1. 예비 공인중개사로 공인중개사 시험에 합격하여 창업을 준비하고 계신 분

2. 자격증을 취득한 지는 오래되었지만 다시 중개업을 배우고 싶은 분

3. 개업공인중개사로 일을 하고 있지만 계약을 못 해 사무실 경비도 충당하기 어려운 분

4. 돈 잘 버는 공인중개사의 비밀 노트 10가지 노하우를 배우고 싶은 분

나는 지금 힘들고 어려운 개업공인중개사에게 할 수 있다는 용기를 드리고 싶었다. 그래서 딱딱하고 이론적인 책이 아닌 실제 현장에서 바로 써먹을 수 있는 실전 노하우와 중개 성공 비법을 설명하기 위해 이 책을 집필하게 되었다. 그리고 중개업 마케팅을 하지 않고 하루하루 손님이 오기만을 목 빠지게 기다리는 개업공인중개사들에게 이 책이 다시 한 번 용기와 희망이 되길 바란다.

목차

2장 고객을 부자로 만들어 드립니다

3장 상위 1%의 공인중개사가 되는 길

4장 당신은 월 천만 원을 벌고 있습니까?

5장 돈 잘 버는 공인중개사의 비밀 노트

6장 불황에도 살아남는 부동산 중개 비법

1장

여러분은 왜
공인중개사가
되었습니까?

01.

취업을 할까?
개업을 할까?

공인중개사 자격증 취득 후 가장 큰 고민은? 취업을 할까? 개업을
할까? 개업은 최소 5천만 원 비용 그리고 준비와 실력의 문제다

"여러분은 왜 공인중개사가 되었나요?"라고 물었을 때 우리나라 부동산
중개 사고를 예방하고 거래 질서를 확립하여 국민들의 재산을 보호하기 위
해 공인중개사가 되었다고 생각한다면 여러분은 공인중개사 직업이랑 안
맞을 가능성이 크다. 나는 여러분이 돈을 벌기 위해서 공인중개사가 되었
다고 단도직입적으로 말하고 싶다. 공인중개사가 되어 집이 없는 사람들
을 원하는 집으로 내 집 마련을 해주는 일, 이사를 가야 하는데 집이 안 팔
려서 힘들어하는 분들에게 집을 팔아드리는 일, 사회 초년생에게 저렴하고
깨끗한 월세 집을 찾아주는 일 등등 여러분은 부동산 계약을 통해 얼마든
지 사회에 이바지를 할 수 있다고 생각한다.

공인중개사 자격증을 취득 후 가장 많이 하는 고민은 바로 '취업을 할까?
개업을 할까?'라는 고민이다. 나는 먼저 여러분의 재정 상태를 생각하라고
조언한다. 개업은 어디에 창업을 하느냐에 따라 비용이 다르겠지만 최소
한 (보증금+권리금+인테리어 비용)을 생각해야 한다. 보증금이 비싼 대단
지 아파트의 경우는 보증금이 억 단위도 있지만 대부분 천만 원에서 5천만
원 사이가 대부분이다. 그리고 권리금은 물건장부와 영업을 바로 할 수 있
는 시설일 경우 권리금은 대부분 있다고 봐야 한다. 이것도 지역과 아파트
단지마다 다르지만 최소 2천만 원에서 1억 이상까지도 생각해야 한다. 오
히려 권리금이 없는 곳은 조심해야 한다. 초보 공인중개사들이 범하기 쉬

운 실수 중에 하나가 초기 비용을 줄이기 위해 권리금이 없는 곳에 창업을 하는 경우가 많은데 거의 대부분 얼마 못 가서 폐업을 하게 된다. 그리고 인테리어 비용은 사무실의 상태에 따라 다르지만 신규 창업의 경우 사무실 집기류를 바꾸는 경우가 많기 때문에 돈이 조금은 들어간다고 보면 된다.

개업공인중개사로 아파트 단지 내에 창업을 하기 위해서는 앞에서 살펴본 것처럼(보증금+권리금+인테리어 비용) 합치면 최소 4천만 원에서 1억 이상이 필요하다고 볼 수 있다. 여러분이 금전적으로 5천만 원 이상 있다면 창업을 생각하면 된다. 창업은 일단 금전적인 부분이 해결이 되지 않으면 실력을 갖추었다고 해도 현실적으로 어렵다.

대부분의 공인중개사분은 창업보다는 먼저 취업을 하려고 한다. 금전적인 문제도 있지만 사실 창업하기에는 공인중개사 자격증이 모든 것을 해결해주지 않기 때문이다. 자격증과 창업은 사실 별개라고 할 수 있다. 개업공인중개사의 실무적인 업무를 배우고 익혀야 하는 시간이 필요하기 때문에 대부분은 창업 대신 취업을 선택한다. 그러나 많은 개업공인중개사분들이 소속공인중개사보다는 중개보조원을 선호하는 것이 현실이다. 소속공인중개사는 언제든지 개업을 할 수 있다는 불안감이 있기 때문에 개업공인중개사들이 잘 가르쳐주지 않는 경우가 많고 특히 핵심적인 중개 노하우도 더더욱 꺼리는 경우가 있다. 남자 공인중개사는 상황이 더 좋지 못하다. 일반 아파트 단지의 부동산에는 남자 공인중개사를 선호하지 않는다. 남자 공인중개사분들은 중개법인에 취업을 하거나 창업을 하는 것이 일반적이다.

여러분이 중개 업무일은 하루라도 빨리 배우고 싶으면 창업만큼 빠른 것이 없다. 소속공인중개사 1년 해서 배울 업무를 개업공인중개사는 단, 3개월이면 배울 수 있을 만큼 빠르다. 직접 개업 사무실을 운영하는 것은 몸소 체험하고 직접 경험하는 노하우가 분명 소속공인중개사와는 다르기 때문이다. 보수도 개업공인중개사가 소속공인중개사보다 훨씬 많이 벌 수 있다. 계약하는 횟수가 늘어나면 수익의 전부를 가져가기 때문에 돈을 빨리 많이 벌 수 있다. 그러나 부동산 거래가 없으면 사무실 운영비와 월세를 부담하기 때문에 손해를 볼 수 있다는 것을 명심해야 한다.

결국 여러분이 취업을 할까? 개업을 할까? 고민하고 있다면 먼저 금전적으로 돈이 5천만 원 이상 여윳돈이 있는지를 살펴보고, 없다면 취업을 준비해야 한다. 만약 여윳돈이 된다고 하면 여러분의 고민은 내가 진정 개업을 할 수 있는 상태인지를 객관적으로 물어봐야 한다. 여러분이 결정을 내리기 어렵다고 한다면 선배 개업공인중개사의 자문을 받아야 한다. 그분들도 처음에는 여러분과 똑같은 고민을 하고 창업을 했기 때문에 도움이 많이 될 것이다. 그리고 내가 과연 창업을 할 수 있을 만큼 준비와 실력을 갖추었는지 자문해야 한다. 손님이 왔을 때 부동산 관련 문의에 내가 답을 할 수 있는 실력과 공부가 되어 있는지도 살펴봐야 한다. 세상에는 여러분에게 도움 되는 좋은 손님도 많지만, 여러분을 힘들게 하고 테스트를 하려고 오시는 손님도 훨씬 많기 때문이다.

취업을 할까? 개업을 할까? 이건 분명 여러분의 준비와 실력의 문제이고 여러분이 가진 창업 비용의 문제일 것이다.

02.

개업은 언제가
좋은가?

중개업 개업의 완벽한 타이밍은 없다. 결국 준비와 실력의 문제다

여러분이 공인중개사 자격증을 취득하고 나면 '취업을 할까? 개업을 할까?'로 고민을 먼저 한다. 그리고 개업을 하기로 결정을 했으면 '언제 개업을 할 것인가?' 가장 큰 고민이 된다. 부동산 경기와 상관없이 지금 당장 개업을 할 것인가? 아니면 불경기가 어느 정도 지나가고 거래가 증가하면 개업을 할 것인가? 오히려 거래 절벽인 부동산 불황기에 개업을 할 것인가? 사실 개업하기 좋은 완벽한 타이밍은 없다는 것이 정답이다. 그래도 부동산 호황기에 개업하는 것이 좋다는 의견이 많다. 그러나 현실에서 여러분이 초보 공인중개사로 개업을 한다고 해서 바로 계약이 되고 돈을 많이 버는 것이 아니다. 그것은 실력과 경험의 문제이지 부동산 경기가 좋고 나쁨이 아니라는 말이다. 손님이 부동산을 매수하러 와도 그에 맞는 물건이 확보되지 않으면 거래는 불발이 된다. 손님이 원하는 물건을 대출을 끼고 사고 싶은데 대출을 경험하지 못한 공인중개사라면 손님 상담이 안 된다. 결국 계약은 실패하게 된다.

여러분이 공인중개사 시험을 우수한 성적으로 합격했다고 해서 부동산 중개업을 잘한다고 착각해서는 안 된다. 이론 공부와 중개업 실무 경험은 하늘과 땅 차이다. 공인중개사 시험은 평균 60점으로 아슬아슬하게 합격을 했지만, 실무 경험이 많은 중개사는 돈을 훨씬 많이 버는 경우가 많다. 내가 경험해본 결과 공인중개사 시험 점수가 높은 사람들은 원칙에 입각한 사무적인 경우가 많기 때문에 융통성이 떨어지는 경우를 자주 본다. 현장은 변수도 많고 손님에 따라 생각의 전환을 빠르게 해야 하기 때문에 영업적인 마인드가 몸에 밴 사람들이 오히려 계약율이 높은 것을 볼 수 있다.

우리나라에는 전 세계적으로 단위 면적 당 압도적인 숫자가 있다. 바로 교회 숫자와 중개사무소 숫자다. 여기를 봐도 공인중개사요 저기를 봐도 공인중개사 사무소다. 아파트가 입주를 하고 단지 내 상가에 들어오는 상가 업종 중에 공인중개사 사무소가 없는 곳은 없을 정도로 우리나라는 공인중개사 공화국이다. 전국에 10만 개가 넘는 개업공인중개사가 지역 곳곳에 자리를 잡고 있다. 여기에 여러분이 살아남기 위해서는 10% 안에 들어야 한다. 모든 공인중개사가 다 성공하는 것이 아니라 그중에서 10%만 살아남을 수 있다.

공인중개사의 개업은 병아리가 알을 깨고 세상에 나오는 것과 같다. 이제 여러분의 행동과 판단은 책임을 져야 하는 법률 행위가 될 수 있다.

개업공인중개사의 개업은 언제가 좋은가? 정답은 완벽한 타이밍은 없다. 결국 여러분의 준비와 실력의 문제다. 불황에도 돈 잘 버는 공인중개사는 전국에 많다. 부동산 경기의 문제가 아니고 실력과 마케팅의 문제인 것이다. 여러분도 불황에 살아남는 공인중개사가 되어야 한다.

03.

개업공인중개사의
개설등록 절차는?

공인중개사가 시험에 합격을 하고 시청에 있는 자격증을 받으러 갔던 날은 누구나 기억할 것이다. 예전에 대학교에 합격증을 받으러 갔던 기억과 비슷할 것이다. 설레는 마음으로 그동안 시험 준비에 고생했던 기억이 주마등처럼 스쳐 지나갈 것이다. 우리가 자격증만 취득한다고 바로 개업공인중개사가 될 수는 없다. 개설등록의 절차를 진행해야 한다.

개업공인중개사의 개설등록 절차

1. 사무실 개설등록 지역 – 구청 토지정보과 접수

준비물: 개설등록신청서, 임대차계약서사본(사무실무상사용승낙서), 공인중개사자격증 사본, 실무교육수료증 사본, 신분증, 등록인장, 여권사진 1장

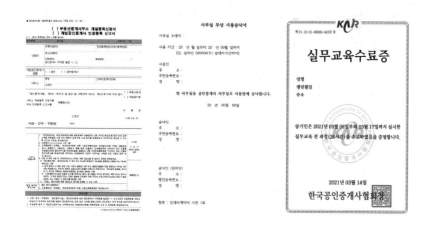

2. 2~3일 후 등록 연락 오면 공인중개사협회에 업무보증보험과 협회비 완납

3. 세무서에서 사업자등록 발급

4. 구청에서 등록세 납부

1번~4번의 순서대로 진행을 하면 개설등록 절차를 바르게 진행할 수 있다.

등록인장을 준비할 때 주의 사항

등록인장은 개업공인중개사와 소속공인중개사 둘 다 필요한 도장이다. 한글보다는 한자로 되어 있는 것을 하는 것이 좋다. 혹시 모를 등록인장 도용을 방지하기 위해서 등록인장은 간단한 한글 이름보다는 한자를 사용하면 그만큼 모방을 하기가 어렵기 때문이다. 등록인장의 의미는 책임이라는 의미가 크기 때문에 조심해야 한다.

세무서에서 사업자등록을 할 때 주의 사항

1. 간이과세자 또는 일반과세자로 등록할 것인지 미리 정해야 한다.

2. 사업의 종류에서 업태는 부동산업으로 선택을 하고 종목은 부동산 중개 및 컨설팅, 분양 대행, 자문으로 등록을 하는 것이 좋다. 개업공인중개사는 부동산 중개가 주 업무이지만 때로는 컨설팅과 분양 대행 그리고 자문을 통해 자문료를 받을 수 있어야 한다.

04.

부동산 중개업의
좋은 입지는?

부동산 중개업 창업의 가장 결정적인 핵심은 '어디에 중개업을 창업하느냐?'이다. 언제 창업을 할 것인가도 물론 중요하지만 입지의 중요성이 훨씬 크다고 할 수 있다. '부동산은 8할이 입지다.'라는 말이 중개업 입지에서도 예외는 아닌 것 같다.

여러분이 이번에 자격증을 딴 새내기 공인중개사라고 해도 아파트 단지의 가장 좋은 출입구 바로 옆에 사무실을 구하면 손님이 가장 많이 찾아온다. 손님은 여러분이 베테랑 공인중개사인지 새내기 공인중개사인지 알 수가 없다. 그냥 출입구 바로 옆쪽에 있어서 찾아와서 물건을 접수하거나 매수를 하러 방문하는 것이다.

　부동산 사무실은 접근성과 가시성이 좋은 곳에 입점을 해야 살아남는다. 접근성은 일단 찾아오기 편해야 한다. 부동산 사무실이 대부분 1층에 입점하는 이유도 그런 이유다. 2층 또는 3층에 있는 부동산 사무실에는 걸어가다가 들어오는 손님(워킹 손님)이 거의 찾아오지 않는다. 그리고 부동산 사무실은 가시성이 좋아야 한다. 간판이 멀리서도 잘 보여야 손님이 사무실에 찾아올 확률이 높아진다. 사람이 걸어다니면서 상방 15도로 걷는다고 하면 2층, 3층에 있는 간판은 지나칠 확률이 높다.

　아파트 대단지의 부동산 중개사무실을 예를 들면 어디에 사무실에 입점하느냐에 따라 1년 매출에 영향을 미치게 된다. 아파트 단지가 입주하기 전에는 인근 부동산이 거래가 잘된다. 그러나 아파트 단지가 입주를 하게 되면 자연히 아파트 단지 내 상가로 사람들의 동선이 형성되면서 단지 내 상가의 부동산 사무실이 계약이 많아진다. 아파트 입주민들은 같은 아파트 단지 내 상가의 부동산을 선호하는 것이다.

상기의 사진에서 A는 아파트 단지 내 상가의 부동산 사무실, B는 인근 지역 부동산 사무실이다. A 상가는 아파트 단지와 연결되어 접근성이 좋다. 정문을 나오면 바로 접근할 수 있는 동선이 형성되기 때문에 편리하다. 그리고 상가의 뒤쪽도 아파트 단지 안에서 간판을 볼 수 있기 때문에 접근성과 가시성이 매우 뛰어나다. 당연히 동선에서 떨어져 있는 인근 지역 부동산은 접근성과 가시성이 떨어질 수밖에 없다. 결국 중개업 사무실은 초기 비용이 조금 더 들더라도 A 상가를 선택해야 성공할 수 있다.

05.

동업은
양날의 검이다

"동업은 부모 형제와도 하지 마라."라는 말이 있다. "동업을 하면 원수지
간이 된다."라는 말도 많이 들어봤을 것이다.

부동산 중개업도 동업은 웬만하면 말리고 싶다. 동업을 하는 이유는 나
의 부족한 부분을 동업자를 통해 보완할 수 있는 이유가 있다. 그리고 부족
한 창업 자금을 나눌 수 있기 때문에 효율적일 수 있다.

그러나 준비가 철저히 안 된 상태에서 동업 계약서 작성도 없이 동업을
했다가 좋았던 관계가 원수가 되어 헤어질 수도 있다는 것을 명심하자!

우리 주변에는 부부가 같이 한 공간에서 공인중개사를 하는 사람들이 있다. 부부가 같이 일을 하면 장점도 많다. 서로 믿고 신뢰할 수 있고 소속공인중개사나 중개보조원처럼 그만두고 나갈 위험도 작다. 그러나 부부가 하루 종일 붙어 있으면 편한 관계이다 보니 싸우는 경우가 많고 계약이 없는 불황기에는 부부싸움이 자주 일어날 수 있다. 그래서 부부 공인중개사도 따로 개업을 해서 중개업을 하는 것을 추천하고 싶다. 물론 남편은 상가나 토지 위주로 외근을 자주 하고 아내는 아파트나 주택을 전문으로 한다면 서로 궁합이 잘 맞을 수도 있다.

동업이 양날의 검이라는 것은 계약이 잘될 때는 누구나 돈을 많이 벌기 때문에 사이가 좋을 수가 있다. 그러나 부동산 중개업이 항상 잘되는 것이 아니기 때문에 불황기에는 적자도 날 수 있다. 돈을 벌기 위해 사무실을 오픈했지만 오히려 적자가 나면 감정이 좋을 사람은 아무도 없다. 서로의 책임을 야기하면서 불화를 겪을 수 있다.

그럼에도 불구하고 동업을 반드시 해야 한다면 다음의 4가지 원칙은 지켰으면 한다.

〈중개업 동업 시 꼭 지켜야 하는 4가지 원칙〉

첫째, 반드시 동업 계약서를 꼼꼼히 작성한다. 여기에는 투자 금액, 계약 기간, 청산 조건, 사무실 인수 비용, 비품 처리 절차 등 일어날 수 있는 모든 사항을 기재하여 헤어질 때도 기분 좋게 헤어져야 한다.

둘째, 초기 투자 비용은 같은 금액으로 5:5로 투자해야 한다. 누가 많이 투자하고 누가 적게 투자를 하게 되면 수익 배분도 복잡하기 때문이다.

둘째, 모든 수익은 공동으로 5:5로 정하고 비용을 제외하고 1/N로 배분한다. 누가 이번 달은 계약을 많이 했으니 더 가져가고 그렇지 않은 사람은 적게 가져가면 불화가 생길 수 있다.

셋째, 음양의 조화가 있어야 한다. 남자 두 명이 동업하는 것보다 남자 소장님과 여자 소장님 두 분이 창업을 하는 게 경험상 잘되는 경우를 많이 보았다. 그리고 한 분은 상가와 토지 수익형 부동산 위주로 하고 다른 한 분은 아파트, 빌라 등의 주택을 전문으로 하면 시너지 효과가 클 수 있다.

넷째, 합동 공인중개사로 자격증을 두 개를 걸고 하는 것이 효율적이다. 두 사람 중 한 분이 부재중이라도 계약을 할 수 있는 개업중개사가 있어야 업무 효율을 높일 수 있다.

개업공인중개사를 10년 넘게 하시는 분들 중 동업을 해본 중개사는 많을 것이다. 다들 하시는 이야기가 동업은 친구도 잃고 관계도 잃을 수 있다고 절대 하지 말라고 조언을 한다. 그만큼 동업은 성공할 확률보다는 실패할 확률이 높다는 것이다.

나는 부동산 중개업을 시작하는 예비 개업공인중개사분들에게 강조하고 싶다. 앞에서 말한 동업 시 지켜야 할 4가지 원칙을 고수하면서 오랫동안은 하지 말고 어느 정도 중개업을 배우고 돈을 벌었으면 하루빨리 독립을 하는 것이 맞다고 생각한다.

다시 한 번 강조하지만 '동업은 양날의 검이다.'

06.

간이과세자 vs 일반과세자

부동산 중개업을 시작할 때 개업공인중개사도 세무서에 사업자를 등록해야 한다. 여기에서 간이과세자와 일반과세자를 선택해야 하는데 차이점이 무엇인지 알아보자!

먼저 부동산 중개업자가 일반과세자인 경우 법정수수료에 부가세 10%를 더해 받고 현금영수증이나 세금계산서를 발급해주면 된다. 부동산 중개업자가 간이과세자이면 보통 중개수수료 청구 시 법정수수료에 4%의 부가가치세를 더해 발급해준다. 일반과세자는 세금계산서 발행이 되지만 간이과세자는 세금계산서 발행이 되지 않는다.

2021년 7월 1일 부로 부가가치세 간이과세자의 기준이 대폭 상향되었다. 연 매출 4,800만 원 기준에서 8,000만 원까지 상향되었다. 부가가치세 납부면제 기준도 2,400만 원에서 4,800만 원으로 상향되었다. 이제 연 매출이 8,000만 원까지는 간이과세자를 유지할 수 있게 되었다.

예전에는 매출 4,800만 원 초과 8,000만 원 미만인 간이과세자는 종전에는 일반과세자로 전환되었지만 올해부터는 간이과세자를 유지할 수 있으면서 간이과세자인 상태로 세금계산서를 발행하게 되었다.(단, 부동산임대업과 과세유흥업은 제외된다.) 이런 사업자는 사업자등록증이 새로 발급되면서 "간이과세자(세금계산서발급사업자)" 기재되어 있어 바로 확인이 가능하다.

부가가치세 간이과세 기준 대폭 향상

	현 행	개 정
간이과세 기준금액	연 매출액 4,800만원	▶ 연 매출액 8,000만원 (부동산임대업, 과세유흥업 4,800만원)
납부면제 기준	연 매출액 3,000만원	▶ 연 매출액 4,800만원
세금 계산서	발급의무 X	▶ 발급 의무 O

출처 : 기획경제부

07.

권리금 있는 자리 vs
권리금 없는 자리

부동산 창업을 하면서 사무실을 알아보러 다니는 예비 개업공인중개사 분들이 하는 공통적인 말이 중개업을 할 좋은 자리가 없다고 하소연한다. 세상에 완벽한 장소는 없다. 공인중개사가 만들어가는 것이다. 그러나 반드시 예비 개업공인중개사들이 짚고 넘어가야 하는 것이 있다. 바로 권리금이다.

권리금이란? 상가건물에서 영업을 하는 자 또는 하려는 자가 '영업시설, 비품, 거래처, 신용, 영업상의 노하우, 상가건물 위치에 따른 영업상의 이점' 등을 양도하거나 혹은 이를 이용하게 할 때 보증금, 차임 이외에 지급하는 금전 등의 대가를 말한다.

여러분이 권리금이 있는 사무실을 구해야 하는 이유는 여러분이 돈이 많기 때문이 아니다. 바로 시행착오를 줄일 수 있고 영업 노하우(거래 내역, 손님 연락처, 전세 만기 시점 등)를 제공받기 위해서다. 아파트의 경우 권리금이 있는 사무실에 들어가야 회원사 공동중개, 망을 활용한 정보 공유, 고객 장부, 임대, 매매 거래 리스트를 확보할 수 있다. 나 혼자 독불장군으로 처음부터 시작을 하면 맨땅에 헤딩하는 일이 많아지고 거래가 되지 않으면서 조만간 폐업을 해야 될지 모른다.

부동산 창업으로 개업공인중개사가 되는 것은 돈을 벌기 위한 목적이다. 사실 그 이상도 그 이하도 될 수가 없다. 여러분이 어려운 공인중개사 시험에 합격하고 공인으로서 국민의 재산권을 지키며 공정한 거래 질서를 확립하기 위한 소신을 가지고 있다고 해도 계약이 되지 않는 사무실은 결국 문을 닫을 수밖에 없다. 그것은 공인중개사의 자질과 가치관의 문제가 아닌 생존의 문제이기 때문이다.

중개업은 여러분이 돈이 많아서 시간이 많아서 사무실을 오픈하고 연습 삼아 경험을 쌓은 곳이 아닌 계약을 통해 돈을 버는 곳임을 명심해야 한다.

여러분이 아직도 보증금 500만 원에 월세 40만 원에 무권리금과 보증금 2,000만 원에 월세 150만 원에 권리금 3천만 원인 곳을 두고 고민을 하고 있는가? 정답은 권리금이 있는 곳에 들어가야 돈 잘 버는 공인중개사가 될 수 있다는 것을 명심하길 바란다.

08.

이렇게 하면
중개 사고 막는다

공인중개사가 어려운 직업이라고 하는 이유 중에 하나가 바로 중개 사고가 언제 어디에서도 발생할 수 있다는 것이다. 중개 사고는 대부분 개업 초기에 많이 발생하는데 조금만 신경을 써도 중개 사고를 미연에 방지할 수 있다.

중개 사고에 휘말려본 공인중개사는 다 알 것이다. 일상생활을 못 할 정도의 고통과 불안감으로 잠을 잘 수도 없다. 혹시 공인중개사 업무정지나 자격정지, 자격 취소와 같은 중징계를 맞는다면 엄청난 고통이 수반됨을 명심해야 한다.

공인중개사가 범하기 쉬운 중개 사고 유형 5가지

첫째, 다가구 주택 경매 사고가 가장 많이 발생한다. 계약을 할 때 반드시 "계약 후 경매가 진행될 때 보증금 전액을 돌려받지 못할 수도 있음"을 특약사항에 반드시 기재를 해야 한다. 이것을 기재하지 않고 계약서를 작성하면 추후 경매가 진행되어 세입자의 보증금을 돌려받지 못하면 중개 사고로 이어진다.

둘째, 다가구 주택 세입자 보증금 반환 시 반드시 계약서상의 임차인의 계좌로 입금을 해주어야 한다. 보증금이 적거나 계약자의 부모님이 와서 돌려 달라는 경우 무심코 돌려주는 집주인들이 생각보다 많다. 나중에 계약자가 나타나서 자기에게 보증금을 돌려달라고 하면 법적으로 보호 받을 길이 없다.

셋째, 확인설명서를 미작성하거나 오작성을 하게 되면 계약 후 계약자에게 꼬투리를 잡힐 수 있다. 확인설명서를 꼼꼼히 잘 적으면 공인중개사에게는 약이 될 수 있지만 잘못 작성을 하면 독이 될 수 있는 양날의 검이라고 할 수 있다.

넷째, 부동산 관련 세금(취득세, 양도세 등) 상담은 세무사에게 맡기는 게 좋다. 최근 부동산 관련 세금이 복잡해지면서 언제 취득을 하느냐, 언제 매도를 하느냐에 따라 취득세, 양도세가 완전히 달라진다. 그리고 조정대상지역이 언제 지정, 해제되었는가에 따라 세법이 달라지게 된다. 특히 "선무당이 사람 잡는다."라는 말이 있듯이 공인중개사가 세금에 지식이 있다고 손님에게 상담을 하고 계약을 하면 중개 사고가 날 수 있다. 세금은 세금 전문가인 세무사에게 확인을 하거나 세금 상담 콜센터를 이용하여 확인을 받아야 한다. 실제 공인중개사 말만 믿고 계약을 했다가 잔금 날 중개 사고가 나는 경우가 다수 발생하고 있다.

다섯째, 대리인 계약 시 위임장과 인감증명서를 받고 계약을 해야 한다. 실제 계약서를 작성할 때 본인이 오지 않고 대리인이 계약하는 사례가 점차 늘고 있다. 대리인 계약에 법적인 대리권이 성립되기 위해서는 위임장과 위임장을 확약하는 인감증명서를 첨부해야 한다. 현장에서는 공인중개사들이 계약에 혈안이 되어 위임장과 인감증명서 없이 계약을 하는 경우가 종종 발생한다. 아무 문제 없이 지나가면 천만다행이겠지만 중개 사고는 항상 사소한 것에서부터 시작된다는 것을 잊지 말기 바란다.

2장

고객을
부자로 만들어
드립니다

01.

고객은 항상
떠날 준비를 한다

 손님이 부동산에 오는 이유는 1. 물건을 내놓기 위해 2. 부동산 투자를 위해 3. 중개사와 친분을 위해 온다

 요즘 서비스 부문에서 보면 '고객감동'을 넘어 '고객졸도'의 시대라고 한다. 그만큼 손님을 뺏기지 않기 위해서 최선을 다하지 않으면 살아남기 힘들다는 이야기다. 부동산 중개업도 참 힘들다. 내 손님인 것 같았는데 어느새 다른 부동산에 가고 없다. 상담할 때는 나랑 계약을 한다고 했는데, 결국은 다른 부동산에서 계약을 했다는 얘기를 들으면 피가 거꾸로 솟는다. 부동산 중개업은 극한직업이다. 일반 손님들이 볼 때는 아파트 잠깐 보여

주고 안내한 게 다였다고 한다. 그리고 계약만 되면 수수료를 엄청 많이 가져간다고 아우성이다. 사실 일의 강도와 노력에 비해서 돈을 많이 버는 직업은 맞다. 그러나 이런 경우가 많아야 좋은데 절대 그렇지가 않다. 부동산 중개업은 한 번 안내해서 바로 계약하는 손님도 있다. 그러나 백 번을 안내해도 계약을 하지 못하는 손님도 있다. 심지어 10번 이상 몇 달 동안 노력을 했는데 다른 부동산에서 계약을 해도 법적으로 보호를 받지도 못한다. 참 허탈한 직업이기도 하다.

나는 공인중개사 22회 합격자다. 벌써 자격증을 딴 지 10년이 넘었다. 그동안 수많은 공인중개사분들을 봐왔고 지금도 개업공인중개사 일을 하고 있다. 나의 와이프도 28회 공인중개사 합격자다. 지금은 같은 사무실에서 근무한다. 나와 와이프는 합동으로 개업공인중개사를 하고 있다. 나는 주로 사무실에 잘 없고 강의를 하는 날이 많고 외근이 잦기 때문에 부딪힐 일이 없다. 부부니까 서로 믿고 의지를 할 수 있는 장점도 많다. 그러나 단점도 있다. 집에서 새는 바가지 밖에서도 새기 때문이다. 둘이 싸워서 말을 안 해도 사무실에서는 손님이 오기 때문에 모른 척하고 대화를 해야 한다. 서로 불편한 게 한두 가지가 아니다. 아무튼 가정의 평화와 사무실의 평화를 동시에 이루려면 계약을 많이 하는 수밖에 없다. 그래야 서로 기분이 좋아지고 힘이 나기 때문이다.

손님이 부동산 사무실에 오는 이유는 크게 세 가지다. 첫째는 부동산을 매매 또는 임대차를 내기 위해서 온다. 둘째는 부동산 투자를 위해 자문을 받기 위해서 온다. 셋째는 부동산 소장님이나 실장님과 친분이 있어 커피 한잔 하러 온다. 앞의 세 가지 중 공인중개사분들이 가장 좋아하는 손님은 누구일까? 그렇다. 첫 번째 손님이다. 왜냐하면 아파트를 사고팔 거나 전·월세를 계약해야 공인중개사는 돈을 벌 수 있기 때문이다. 개업공인중개사도 계약을 해야 먹고산다. 공인중개사 자격증을 땄다고 나라에서 돈이 나오진 않는다. 계약을 해야 수수료를 받고 집세도 내고 애들도 키우고 생활할 수 있다. 그러니 바로 돈이 되는 첫째 손님을 가장 좋아한다.

그리고 셋째 손님은 부동산 사무실을 운영하는 데 대단히 중요한 손님이다. 지금 당장 계약과 연결되지는 않지만 잠재 고객인 것이다. 그리고 부동산 이미지를 좋게 하고 입소문도 낼 수 있기 때문에 소홀히 해서는 안 된다. 그러나 너무 자주 오거나 많은 분들이 찾아오면 부동산 사무실이 아닌 동네 사랑방으로 바뀔 가능성이 높다. 이것 또한 조심해야 한다. 기업의 목적은 이윤 창출에 있고 부동산 사무실의 목적은 부동산 계약에 있다.

마지막으로 나는 손님들 중에서 두 번째 손님을 그냥 돌려보내서는 큰돈을 벌 수 없다고 생각한다. 큰 잠재 고객이기 때문이다. 두 번째 손님이 왔을 때 공인중개사의 실력이 나오게 된다. 손님이 만약 "얼마의 여유자금이 있는데 어디를 투자하면 되겠습니까?"라고 했을 때 공인중개사의 설명이 중요하다. 지금의 부동산 시장을 설명하고 앞으로의 부동산 전망을 설명할 줄 알아야 한다. 그리고 어디에 투자해야 되는지를 정확하게 설명해야 한다. 그러면 그 손님은 여러분의 평생 고객이 된다. 다른 부동산에 가라고 해도 여러분을 찾아올 것이다. 만약 여러분이 사무실에 없다고 해도 다음 날 찾아오는 수고를 할 것이다.

내가 아는 공인중개사 선배님이신 L분은 개인 투자자 손님이 너무 많다. 부동산 경기가 한창 좋았을 때 투자 손님들에게 높은 수익을 안겨주었다. 그래서 항상 손님과 식사를 하고 부동산을 보러 임장 가는 일이 많다. 그렇지만 '이것 사면 돈을 번다.'라는 달콤한 유혹이 아닌 투자 가치에 대한 설명을 잊지 않는다. L소장님의 설명이 끝나기 전 항상 강조하신다. 지금 당장 계약을 하지 말고 여러분도 나름대로 계산을 해보라고 한다. 그래도 투자를 해야 되겠다면 그때 부동산 계약을 시키는 것이다. 책임은 손님에게 있고 돈도 손님이 버는 것이기 때문이다.

나도 이런 손님이 없는 것은 아니다. 그런 손님 중 꼭 한두 분은 "만약 이거 투자해서 손해가 나면 제 소장이 손해를 보상해줍니까?"라고 농담조로 묻는다. 그럼 나도 답을 드린다. "네~ 제가 손해 나면 반은 제가 보상해 드리겠습니다. 그런데 만약 수익이 나면 반은 저한테 주셔야 됩니다."라고 말이다. 그럼 손님들은 아무 말도 하지 못한다. 보는 관점에 따라 입장이 다른 것이다.

고객을 부자로 만들어야 손님은 떠나지 않는다

고객을 부자로 만들어야 고객이 떠날 준비를 하지 않고 부동산 사무실에 오는 것이다.

예영숙 저가가 쓴 『고객은 언제나 떠날 준비를 한다』라는 책을 보면 "고객은 언제나 이익이 많은 쪽으로 움직인다. 그러므로 고객으로 하여금 지금의 관계를 지속하는 편이 훨씬 더 이익이 된다고 생각하도록 만들어야 한다. 그러기 위해서는 고객이 신뢰할 때까지, 고객이 느낄 수 있을 때까지 열과 성을 다하는 수밖에 없다. 떠나려는 한 사람의 고객을 계속 머물러 있게 하는 것은 열 사람의 고객을 새로 확보하는 것보다 소중하고 가치 있는 일이다."라고 강조한다.

그리고 그녀는 이렇게 말한다. "고객의 신뢰는 구축하기도 어렵지만 유지해가는 과정이 더 어렵다. 흔히 한번 고객은 영원한 고객이라고 하지만 나는 고객은 언제나 나를 떠날 준비를 하는 사람이라고 생각한다. 고객은 더 좋은 환경과 더 좋은 상품을 찾아 언제라도 떠날 수 있다. 그렇기 때문에 나는 고객들이 가장 만족할 수 있는 모든 부분에 최선을 다했다. 그것이 내가 지금까지 이 길을 걸으면서 해왔던 전부이자, 이 자리에 오르게 된 비결이라면 비결이다."

그렇다. 내가 고객이라도 더 좋은 조건과 더 좋은 물건을 찾아 언제라도 떠날 수 있다. 그것은 당연한 거다. 그것을 가지고 손님을 원망하거나 비난을 해서는 안 된다. 항상 나를 돌아보고 반성해야 되는 것이다. 그래야 공인중개사인 내가 성장할 수 있다.

부동산 시장은 정치 · 경제 · 사회 · 문화 등의 영향을 많이 받는 종합예술과학의 분야라고 얘기를 한다. 언제 어떻게 부동산 가격이 바뀔 줄 모른다는 것이다. 그래서 공인중개사들은 만물 박사가 되어야 한다. 앞으로 부동산 시장이 어떻게 될 것인지를 정확히 알아야 손님에게 정확하게 전달할 수 있다. 그리고 요즘 손님들은 인터넷의 발달로 인해 공인중개사보다 더 똑똑한 분들도 많다. 만약 공인중개사가 손님의 질문에 대답을 하지 못하면 손님은 앉은 그 자리에서는 말이 없지만 다시는 부동산 사무실에 찾아오질 않을 것이다.

혹시 한 번 온 손님이 여러분 사무실에 찾아오지 않는다면, 혹은 그런 손님이 많았다면 여러분은 더 노력해야 한다. 분발해야 한다. 아마 그분들은 여러분에게 더 이상 배울 게 없다고 생각할 줄 모른다. 손님이 계속 방문할 수 있는 그런 공인중개사가 되자. 그리고 손님에게 항상 최선을 다하자. 고객은 항상 떠날 준비를 하기 때문이다.

02.

월세보다
대출 이자가 낫다

월세와 대출 이자의 차이는 누구의 의지대로 결정되느냐의 차이다

공인중개사의 자리는 '설명'하는 자리가 아니라 '설득'하는 자리이다. 아무리 손님에게 자세하게 부동산을 설명하고 브리핑을 했다고 치자. 그런데 손님은 설명 잘 들었다고 감사하다며 사무실을 떠나게 된다. 이것은 부동산 중개가 아니다. 부동산 중개는 손님의 입장을 이해하면서 손님이 무엇을 원하는지를 빨리 캐치해야 한다. 그리고 가려운 곳을 긁어주어야 한다. 그런데 다른 곳을 긁으면 계약이 안 된다. 마지막으로 이 부동산을 사야 되는 이유를 정확하게 설득해야 한다. 그러나 대부분의 공인중개사분들은 너무 친절하기만 하다. 너무 친절해서 부동산에 대한 정확한 정보를 잘 설명해준다. 그러나 거기까지다. 손님은 "설명 잘 들었습니다. 감사합니다."란 말을 남기고 떠나게 된다.

나는 부동산 경기가 좋은 시기에는 전·월세 손님을 매매 손님으로 바꿔버린다. 왜 월세를 주고 남 좋은 일을 하느냐며 손님에게 부동산에 투자하라고 설득을 한다. 요즘은 저금리로 인해 월세와 대출 이자가 비슷하기 때문에 월세 손님을 매매 손님으로 만들어서 계약을 진행해야 한다. 그리고 필요한 돈은 대출을 활용하면 되기 때문에 큰 부담이 없다. 몇 년 전 나를 믿고 집을 샀던 손님은 전부 집값이 올라서 행복해한다. 가끔씩 주말이면 음료수를 사서 오는데 부동산 이야기를 하면 시간 가는 줄 모른다. 이런 손님은 나에게 평생 손님이 될 수 있다.

요즘 재테크를 하지 않는 젊은 친구들은 월세에 대해서 관대하다. 월세를 크게 생각하지 않는다. 월세는 남의 돈이다. 나를 위해 일하지 않는다. 그러나 대출 이자는 나를 위해 일한다. 아파트의 소유권을 내 것으로 하기 위해 대출을 실행했고 그때 은행에서 빌린 돈을 매달 갚고 있는 것이다.

만약, 대출 이자를 불입하고 있는 도중, 집값이 올라가면 올라간 만큼 나의 시세 차익이 발생한다. 시세 차익이 발생하면 매매를 해서 수익을 남겨도 된다. 만약에 반대로 집값이 떨어지면 그땐 안 팔고 계속 살면 된다. 시간이 지나면 오르기 때문이다.

이렇듯 대출 이자와 월세의 큰 차이점은 대출 이자는 내 의지대로 집을 매매하든 임대를 놓든 결정하게 되는 것이다. 그러나 월세는 집주인의 의지대로 결정되기 때문에 세입자 입장에서는 불안하고 초조하다. 전세도 마찬가지다. 전세를 사는 사람들의 특징은 집을 사지 못한다. 왜냐하면 자기가 집을 사면 집값이 떨어질까 걱정이 되어서다. 그러나 전세 2년 계약기간 동안 집값이 떨어질 경우 전세 보증금은 지켰다고 안도를 한다. 그러나 물가는 계속 상승하기 때문에 돈의 가치는 떨어진다. 결국 돈의 가치가 떨어진 만큼 손해를 보는 것이다. 그리고 전세를 사는 사람들은 집값이 올라도 걱정, 떨어져도 걱정이다. 왜냐하면 집값이 오르면 전세 보증금을 올려줘야 한다. 반대로 집값이 떨어지면 전세값도 떨어져서 전세보증금을 돌려받을 수 있을까 하는 걱정을 하게 된다. 집값이 오르든 내리든 걱정이 없는 것은 아니다.

여러분은 어릴 때 부모님으로부터 '대출 내지 마라.', '보증 서지 마라.', '저축 열심히 해라.' 이런 얘기를 듣고 살지 않았나? 나는 우리 아버지에게 귀에 못이 박힐 정도로 많이 듣고 살았다. 그런데 우리 아버지가 살던 시대랑 지금 시대는 은행 금리 자체가 다르다. 아버지가 사회 생활하던 1960년대부터 1980년 후반까지는 경제성장률이 10%를 넘었다. 은행의 금리도 10% 이상 높은 시기였다. 그때는 열심히 벌어서 은행에 저축하면 부자가 될 수 있었다. 왜냐하면 은행 금리가 높았기 때문이다.

나의 손님 중에 현금을 은행에 넣어놓은 사람들이 너무나 많다. 그분들은 부동산 경기가 좋지 않으면 부동산 사무실에 발을 끊는다. 코빼기도 볼수 없다. 그러나 부동산 경기가 좋거나 '누가 어디 투자해서 얼마를 벌었다.'라고 하면 부동산 사무실에 하루가 멀다 하고 찾아온다.

그 손님 중에 정년 퇴임을 하고 퇴직금과 연금으로 생활하시는 P사장님이 있다. 공무원 출신이라 성격이 꼼꼼하고 빈틈이 없다. 그런데 공무원 생활 할 때와는 다르게 지금은 너무 시간이 많다. 남는 시간에 무엇을 해야 될지 모르겠다며 나의 사무실에 출근 도장을 찍으시는 분이다. 공무원 생활할 때는 늘 밖에서 식사를 많이 했는데 지금은 집에 있는 시간이 많다 보니까 와이프랑 자주 싸운다고 했다.

요즘 정년 퇴임 후 갈 곳이 없는 중·장년층이 너무 많다. 거의 대부분이 아파트 주변을 어슬렁거린다. 그래서 나는 P사장님을 내가 강의하는 경매 학원에 등록하게 해주었다. 집에서도 가까워서 걸어 다니면서 강의도 듣고 동료들과 시간을 보내곤 한다. 이제는 놀이터가 생긴 것이다. 갈 때가 있으니 아침을 먹고 나와서 저녁에 들어간다. 어쩔 때는 임장 때문에 출장도 다녀오신다. 자연히 와이프랑 싸울 일이 줄어들었다고 한다. 남자는 일을 하든 안 하든 밖으로 나가야 한다.

P사장님은 최근에 부동산 투자에 성공했다. 조그만 상가를 사서 월세 수익도 올리고 있다. 그리고 지금은 경매낙찰을 받기 위해 임장을 다닌다고 눈 코 뜰 새 없이 바쁘다고 한다. P사장님은 부동산 투자에 눈을 뜨셨다.

내가 아는 많은 손님 중에서 공무원, 학교 선생님 같은 안정된 손님들이 부동산 재테크에 제일 관심이 없다. 왜냐하면 퇴직 후 연금을 받기 때문에 노후가 보장이 되어 있기 때문이다. 그러나 노후가 보장되더라도 연금이 넉넉하지는 않다. 이제는 100세 시대에 퇴직 후 40년을 살아야 한다. 평생 할 수 있는 제2의 직업을 준비해야 한다.

그러기 위해서는 직장을 다니고 있을 때 부동산 투자를 해야 한다. 시간이 없어서 못 하는 게 아니라 관심이 없기 때문에 못 하는 것이다. 부동산 투자를 안 해도 먹고사는 데 아무 지장이 없기 때문이다. 그러나 100세 시대에 부동산 투자는 평생 여러분의 동반자가 될 것이다. 정년 후 갈 곳이 없는 남자들이여, 취미생활을 부동산 임장으로 만들어라! 그리고 특기를 부동산 투자로 정해라! 그러면 평생 놀이터가 만들어질 것이다.

부동산 중개는 무에서 유를 창조해야 한다는 말이 있다. 없는 물건도 만들어서 팔아야 한다. 매매 손님은 매매를 하고 임대 손님은 임대만 해서는 답이 없다. 임대 손님을 매매로 전환해야 한다. 이때 왜 전·월세보다는 매매를 해야 되는지 손님을 설득해야 한다. 예를 들어 30평대 새 아파트가 보증금 5,000만 원에 월 100만 원 전·월세 물건이 있다고 치자. 이 물건을 보러오는 손님에게 설득해야 한다. 손님에게 "월 100만 원은 집주인에게 가는 남의 돈이다. 차라리 돈을 조금 더 보태서 아파트를 사면 된다."라고 자신 있게 설득해야 한다. 월 이자로 100만 원을 은행에 내면 이 아파트는 내 것이 되기 때문이다. 만약 집값이 오르면 시세 차익도 올릴 수 있다.

공인중개사는 공정한 부동산 거래 질서와 확립을 위해 이 땅에 태어났다? 공인중개사의 가장 큰 존재 이유는 손님에게 안전하게 집을 사고팔고, 임대를 놓는 일이다. 이것보다 중요한 일이 없다. 부동산에 문제가 있는지 없는지를 알아보고 손님에게 전달해줘야 한다. 그리고 요즘같이 부동산 경기가 안 좋은 시기에는 안정적인 거래뿐만 아니라 손님의 입장에서 어디를 투자해야 하고 왜 그렇게 하는 게 최선의 선택인지를 설득해야 한다. 손님이 부자로 가는 길로 잘 안내를 하면 당신도 부자가 될 수 있다.

03.

부자인 척한다고
부자가 아니다

겉이 화려하다고 속까지 화려하진 않다

요즘 주위를 보면 부자가 아니면서 부자인 척하는 사람이 너무 많다. 가진 돈은 없는데 비싼 외제차를 리스해서 타고 다니는 사람, 비싼 집에 월세 사는 사람, 고급 침대, 안마기를 렌탈해 쓰는 사람 등 가짜 부자들이 판을 치고 있다.

일반 사람들이 볼 때는 부자처럼 보이지만 실제 속을 들여다보면 한 달 한 달이 위태로운 사람도 있다. 가짜 부자들은 너무 사람들에게 보여줘야 하는 강박관념에 사로잡혀 분수도 모르게 그런 생활을 유지하는 것이다. 지금이라도 검소한 삶을 살고 싶지만 해오던 습관이 있기 때문에 쉽게 바꿀 수도 없다.

내가 아는 동생인 L군은 아직 미혼이다. 결혼할 생각이 없다. 직업은 공인중개사다. 한창 부동산 경기가 좋을 때는 분양권 거래와 투자로 돈을 많이 벌었다. 혼자 살지만 30평대 새 아파트에 살고 있다. 물론 월세 100만 원을 내고 말이다.

그리고 자동차도 최신 스포츠카를 타고 다닌다. 키도 크고 얼굴도 잘생겨서 여자들에게도 인기가 많다. L군을 잘 모르는 사람들은 재벌 아들이라고 생각하는 사람도 많다. 그러나 요즘 부동산 경기가 안 좋아지면서 생활에 어려움을 겪고 있다. 월세도 내지 못하는 달도 있다고 실토한다. 매달 씀씀이가 크기 때문에 앞으로 어떻게 살지 막막하다고 한다.

비단, 앞의 이야기는 L군만의 이야기는 아니다. 많은 사람들이 겉으로는 부자인 척을 하지만 그 속을 들여다보면 형편없이 사는 사람들도 많다. 그런데 만약 이런 남자들에 속아 결혼한 여자들은 앞날이 깜깜해진다. 돈 씀씀이에 반해서 부자라고 생각해서 결혼을 했는데 알고 보니 빈털터리인 것이다. 그럼 결국은 결혼생활을 정리하거나 부부가 열심히 빚을 갚아나가야 한다. 이런 일은 연예인 세계에서 더 많이 일어난다고 한다. 화려한 겉모습에 가려진 슬픈 현실인 것이다.

부자는 부자인 척하지 않는다. 검소하고 겸손하며 부동산 투자를 잘하는 사람이다

실제 부자들은 어떨까? 내가 아는 진짜 부자들은 검소하다. 그리고 항상 남의 말을 듣는 것을 좋아한다. 자신은 말을 많이 하지 않는다. 말을 많이 하게 되면 실수를 하게 되고 실수를 하게 되면 결국 자신에게 손해가 된다는 것을 잘 알고 있다. 사자성어 중에 '다언삭궁'이란 말이 있다. 이 말은 '말이 많으면 자주 궁지에 몰린다.'라는 뜻이다.

그리고 부자들은 엄청 몸에 좋고 비싼 음식만 먹을 것 같지만 일반 사람들과 입맛이 똑같다. 부자들도 김치찌개, 된장찌개를 좋아한다. 부자라고 한국인의 입맛이 아닌 것이 아니다. 같은 한국 사람이란 뜻이다.

우리나라에서 가장 부자들이 많이 산다는 서울 대치동 타워팰리스에 첫 입주가 되었을 때에 일어났던 실제 일화다. 아파트 입주가 시작되고 많은 부자들이 이사를 하면서 유명한 연예인과 운동선수 등도 많이 입주를 했다. 그래서 타워팰리스 상가 1층의 좋은 위치에 최고급 식당의 문을 열었다. 부자들을 겨냥한 식당이었던 것이다. 그러나 그 최고급 식당은 어떻게 되었을까? 장사가 엄청 대박이 나서 크게 성공했을까? 정답은 1년도 안 되어 가게 문을 닫고 말았다. 왜냐하면 부자라고 값비싼 음식을 좋아하는 게 아니었다. 부자들은 일반 사람들과 똑같이 한정식이나 중국 음식을 배달해서 먹고 청국장을 좋아하는 한국인의 전통적인 입맛이었던 것이다.

앞의 일화는 음식점을 경영하면서 부자들의 생활과 습성을 파악하지 못한 처참한 결과였다. 지금도 타워팰리스 단지에 가보면 일반 아파트에서 볼 수 있는 평범한 상가 업종들이 들어와 있다.

부자들이 가장 관심 있는 분야는 부동산과 금융이다. 정권이 바뀔 때마다 부동산 정책이 바뀌기 때문에 정치에도 관심이 많다. 누가 대통령이 되느냐에 따라 부동산 정책에 엄청난 변화가 있기 때문이다. 그렇다면 부자들은 부동산 투자 시점을 어떻게 잡을까?

내가 아는 부동산 부자들은 부동산 가격이 많이 떨어졌을 때 매수를 시작한다. 그리고 부동산 가격이 상승하면 매도를 한다. 즉, 싸게 사서 비싸게 파는 것이 아니라 싸게 사서 본전에 파는 것이다. 본전에 팔면 잘 팔린다. 사는 사람들도 이익이 있기 때문이다. 문제는 부동산 경기가 좋지 않아 시세보다 가격이 떨어지면 부자는 매수를 할 수 있지만 보통 사람들은 더 떨어질까 봐 매수를 하지 못한다. 결국 이런 작은 차이가 나중에 큰 차이를 만든다.

내가 아는 Y사장님은 자기가 하는 일을 자세하게 말을 안 하신다. 그래서 안 지는 꽤 되어도 직업에 대해서는 말을 않는다. 그런데 Y사장님은 무조건 급매만 나오면 자기에게 이야기를 하란다. 급매의 조건을 시세 대비 20% 이상 떨어지면 구입을 하겠다고 항상 얘기를 하신다. 부동산 경기가 좋을 때는 Y사장님께 전화 드릴 일은 없지만 요즘 같은 부동산 침체기에는 자주 통화를 한다. 최근에 급매 물건 2개를 소개해줘서 전세를 2개 다 놓았다.

대부분의 부자들은 Y사장님처럼 행동한다. 경기가 좋을 때는 움직이지 않다가 부동산 경기가 나빠지거나 경제위기가 온다는 소문이 나면 움직이기 시작한다. 자기만의 투자 철학이 있다. 어쩌면 부자들은 경기가 좋을 때보다 경기가 나쁘기만을 기다리는 것 같다. 그때가 돈을 벌 수 있는 기회라고 생각하는 것이다. 경기가 좋을 때는 누구나 부동산을 사야 하기 때문에 좋은 가격에 부동산을 살 수 없다. 경기가 불황이거나 IMF와 같은 경제위기가 오면 기회라고 생각하는 것 같다.

그리고 부자들은 '떨어진 곳은 반드시 오른다.'라고 하는 확신이 있는 것 같다. Y사장님과 같이 시세의 20% 정도 떨어진 급매 부동산을 매수하여 가격이 회복하면 매매를 통해 옛날 시세 가격에 매매를 하는 시스템이라고 보면 된다. 그 기간을 전세 임대차 기간인 2년을 보거나 길게는 4년을 봐서 수익을 남기는 것이다.

이렇게 보면 부동산 투자는 참 쉬워 보인다. 싸게 사서 오르면 제값에 팔면 되기 때문이다. 이때 하나 간과하지 말아야 할 것이 있다. 부자들은 매도 타이밍을 정해놓고 매수를 결정한다. 대부분의 사람들은 무조건 시세보다 싸게만 살려고 하는 것과 다르다. 싸게 사는 것도 중요하지만 잘 파는 것도 중요하다. 왜냐하면 잘 팔아야지 수익이 나기 때문이다. 싸게는 샀는

데 팔려고 하니 잘 팔리지 않고 애를 먹으면 기회비용이 발생하기 때문이다.

그럼 부자들은 어떻게 매도 시기를 정해놓고 살 수 있을까? 그건 매도 시점 때 매수한 부동산의 입주 물량을 체크하는 것이다. 매도 시점에 주변의 새 아파트 입주가 집중이 되면 전세금도 떨어지고 매매 금액도 떨어지게 된다. 부동산 투자를 할 때 매도 시점의 주변 아파트 입주 물량을 체크하고 입주가 적거나 없는 지역의 아파트를 구입하면 되는 것이다.

우리나라의 많은 부자들은 부자라고 써 붙이고 다니지 않는다. 옷도 평범하게 입고 다닌다. 그렇지만 깔끔하게 입고 다닌다. 그리고 음식도 일반 사람들과 똑같이 먹는다. 부자라고 특별히 금칠해서 먹지 않는다는 것이다. 그러나 투자는 다르다. 부동산 투자는 시세가 떨어져 남들은 거들떠보지 않을 때 움직인다. 그리고 부동산 가격이 올라가서 누가 부동산으로 돈을 벌었다고 소문이 나기 시작하면 팔고 나오는 것이다.

여러분! 주변에 부자인 척하는 사람이 많을 것이다. 그러나 속지 말아야 한다. 부자인 척한다고 다 부자는 아니기 때문이다.

04.

고객을 부동산 사무실로
오게 하라

부동산 중개업도 많은 변화가 일어나고 있다

제주도를 우리는 '삼다도'라고 부른다. 3가지가 많기 때문이다. 바람, 돌, 여자가 많아서 지어진 이름이다. 그럼 우리나라 전체에서 가장 많은 것은 무엇일까? 내 생각은 부자, 빈자, 부동산 중개사무실이라고 생각한다. 우리나라에는 부자가 참 많다. 어느 도시를 가더라도 큰 빌딩이 너무나 많다. 전부 주인이 있다. 큰 빌딩을 가진 사람들은 부자라고 보면 우리나라에는 부자가 얼마나 많겠는가? 이와 더불어 가난한 사람도 너무나 많다. 부동산 사무실에 앉아 있으면 돈이 없어 집을 구하지 못하는 사람을 많이 볼 수 있다. 정말 안타까운 사람도 많고, 어떻게 저렇게 생활할 수 있을까 걱정이 되기도 한다. 그리고 요즘 들어 주변을 살펴보면 부동산 사무실은 없는 곳이 없을 정도로 많이 생겼다. 부동산 공화국이라고 해도 과언이 아니다.

공인중개사가 돈을 벌기 위해서는 일단은 손님이 부동산 사무실로 와야한다. 사무실에서 부동산 물건 설명을 하고 보여주면서 손님이 결정하고 계약에 이르게 되는 것이다. 그러면 손님을 부동산 사무실로 오게 만드는 방법은 무엇이 있을까? 이것을 우리는 부동산 중개 마케팅이라고 한다. 옛날에는 우리의 선배 공인중개사들은 직접 종이에 물건을 써서 전봇대에 붙이러 다녔다. 그러면 손님이 그것을 보고 부동산 사무실로 찾아왔다. 지금도 예전처럼 직접 붙이는 공인중개사분들도 많다. 그러나 효과가 크지 않다.

왜냐하면 지금은 인터넷 시대이고 스마트폰 시대에 살고 있기 때문이다. 사람들은 내 손 안의 컴퓨터라고 하는 스마트폰에 중독되어 있다. 모든 의사 결정을 스마트폰으로 다 하고 있다. 외식을 할 때도, 물건을 살 때도 전부 스마트폰을 보고 정보를 찾아서 결정하게 된다. 부동산도 마찬가지다. 요즘은 부동산 사무실에 찾아오기 전에 '네이버 부동산'과 '다음 부동산' 사이트를 검색해서 가격과 물건을 확인하고 부동산을 보러올 때 전화를 하는 것이다. 그리고 블로그와 유튜브 등의 SNS 활동을 통해 최대한 정보를 검색하게 된다. 이때 검색되는 부동산 사무실은 손님이 많이 찾아온다. 그렇지 않고 이런 시스템에 노출이 되지 않는 부동산은 하루 종일 파리만 날리게 된다. 부동산 중개업에도 많은 변화가 일어나고 있다.

예전에는 부동산 사무실은 복덕방이라고 했다. 복과 덕이 들어오는 방이라는 의미다. 그래서 부동산 중개수수료도 복비라고 불렀다. 지금도 복비라고 부르는 사람이 많다. 예전의 복덕방은 주로 그 동네의 이장님이나 제일 동네를 잘 아시는 분이 운영을 했다. 그래서 집이나 토지를 사고파는 일이나 빌려주는 일을 맡아서 하는 곳이었다. 그러던 것이 1984년 4월에 공포된 새로운 부동산 중개법에 의거하여, 토지나 건물 등의 매매, 교환, 임대차에 관한 일을 중개할 수 있는 사람으로 정하게 되었다. 그리고 다음 해인 1985년부터 제1회 시험을 실시하여 매년 1회 시험이 실시된다. 이 시험에 합격한 사람만 중개업을 할 수 있도록 법으로 명시하였다. 벌써 올해가 30회째라고 하니 역사가 깊어졌다.

부동산 중개업은 역사가 오래된 만큼 많은 변화가 있었다. 특히 예전에는 정년 퇴임 이후 나이 들어 중개업을 하시는 분들이 많았다. 그러나 요즘은 젊은 20대부터 60대 이르기까지 연령대가 다양해졌다. 특히 20대~30대의 공인중개사 비율이 급격히 증가하고 있다. 국내 경기와 취업이 어려워지면서 젊은 친구들이 부동산 중개업으로 많이 진출하고 있다.

부동산 중개 마케팅 기법으로 손님을 사무실로 오게 하라

개업공인중개사 소장들의 나이가 젊어짐에 따라 부동산 중개 마케팅 기법도 다양해졌다. 요즘은 블로그, 유튜브, 인스타그램, 페이스북 등의 SNS 마케팅을 하지 못하면 중개업도 하기 어려운 시대가 되었다. 물론 한자리에 오랫동안 터줏대감으로 자리를 잡고 있는 소장님은 괜찮을지도 모른다. 그러나 시대의 변화에 따라가지 못하면 지금은 괜찮지만 시간이 갈수록 현실의 벽에 부딪히고 말 것이다.

특히 요즘은 동영상 마케팅이 뜨고 있다. 유튜브를 활용하여 부동산 물건을 소개하고 각각의 장점과 단점을 공유할 수 있다. 예전에는 스마트폰이 대중화가 안 되었지만 지금은 어린 학생들부터 나이 드신 어르신까지 스마트폰을 사용하기 때문이다. 그리고 데이터의 속도가 빨라지고 360도 콘텐츠가 개발되면서 화질 성능이 향상되었다. 이제는 직접 오지 않고 스마트폰으로 부동산 물건을 검색하고 정보를 공유할 수 있는 시대에 살고 있다. 그런데 아직까지 종이에 물건을 적어서 전봇대에 붙이는 소장님은 도태될 수밖에 없는 것이다.

그리고 부동산 사무실 간판을 개성 있게 만들어야 한다. 누구나 지나가다가 간판만 보고도 확신을 가지고 사무실에 들어오게끔 해야 한다. 일단 그러기 위해서는 간판이 잘 보여야 한다. 멀리서도 보이기 위해 돌출 간판도 설치해야 한다. 그리고 색깔도 눈에 확 띄는 색깔로 만들어야 한다. 밤에도 잘 보일 수 있도록 LED등으로 설치해야 한다. 그리고 손님이 사무실로 편하게 들어올 수 있는 문구를 작성하여 붙여야 한다.

나는 현재 내 사무실 간판에 나의 사진을 크게 붙여놓았다. 그리고 나의 직함을 넣고 전화번호를 넣었다. 우리 동네에서는 부동산 사무실에 처음으로 사람 얼굴을 간판에 넣은 것이다. 그래서 처음에는 주변 부동산 소장님들이 "아니, 중개사무소가 돼지국밥집도 아니고 제 소장 얼굴을 크게 붙여놓았네."라고 놀리곤 했다. 그러나 간판은 중요하다. 손님과 제일 먼저 만나는 곳이다. 손님은 간판을 보고 사무실에 들어올지 말지 결정한다. 그런데 공인중개사 사진을 간판에 붙여놓으면 안심이 된다. 내가 먼저 나 자신을 오픈한 것이다. 그러니 손님들도 안심하고 들어오란 얘기다.

사무실에 들어온 손님은 사진에 대해서 꼭! 한마디씩 한다. 실물이 훨씬 잘생겼다고 말이다. 그러면 나는 사람들의 인사차 지나가는 말인 줄은 알지만 이상하게 기분이 좋다. 말의 힘이기 때문이다. 말은 사람을 살리고 때론 죽일 수도 있다. 옛날 속담에 "말 한마디에 천 냥 빚을 갚는다."라는 말도 말의 중요성이 얼마나 큰지를 나타낸다. 부동산 계약도 공인중개사의 말 한마디에 달려 있다고 생각한다. 예를 들어 매도인에게 조금만 더 깎아달라고 이야기를 할 때 베테랑 공인중개사는 매수인의 어려운 환경을 말하면서 양해를 구한다. 그러나 초보 공인중개사는 매도인 집에 하자가 있어서 더 깎아줘야지 계약이 된다고 양해를 구한다. 똑같은 부동산 가격을 깎는 이야기지만 매도인의 입장에서는 기분이 달라진다.

여러분이 만약에 매도인이라면 어느 쪽에 계약을 하겠는가? 베테랑 공인중개사와 초보 공인중개사의 차이는 경험과 지식에 따라 큰 차이가 날 것 같지만 사실은 종이 한 장 차이다. 말 한마디 한마디에 계약이 되고 안 되고가 결정되기 때문에 공인중개사의 말 한마디는 천 냥보다 크다고 할 수 있다.

초보 공인중개사는 일단 부동산 중개 마케팅 공부를 계속해야 한다. 시대가 바뀐 만큼 뒤처지지 않기 위해서는 중개 마케팅에 온 힘을 길러야 한다. 먼저 요즘 누구나 다 한다는 블로그 마케팅부터 배워야 한다. 나도 처음에는 블로그도 만들어 운영을 해서 블로그를 통해 많은 계약을 할 수 있었다. 지금은 와이프가 블로그를 대신 운영하고 있지만 블로그를 통한 SNS 마케팅의 위력은 대단하다. 그리고 코로나19로 인해 사회생활이 어려울 때 유튜브를 시작했다. 〈제대로박사TV〉를 만들어서 지금껏 운영을 하고 있다. 부동산 중개에 직접적인 영향은 없지만 유튜브를 통해 많은 분들이 공감을 해주시고 사무실에 찾아오게 되었다.

부동산 중개 계약을 많이 하기 위해서는 일단 손님을 부동산 사무실로 오게 해야 한다.

05.

부동산은 부자가 되는
지름길이다

공인중개사가 부자가 되어야 손님도 부자로 인도할 수 있다

고객을 부자로 만들기 위해서는 공인중개사부터 부자가 되어야 한다. 그래야 나도 부자이기 때문에 당신도 부자로 만들어준다고 할 수 있다. 그런데 공인중개사 자신은 겨우 사무실 임대료를 내면서 어렵게 살고 있다. 그런 공인중개사가 손님을 부자로 만들어드릴 테니 나를 믿고 계약하라고 하면 앞뒤가 맞지 않는 것이다.

지금 한국 사회는 부동산 침체기의 길을 걷고 있다. 물론 이런 환경 속에서도 오르는 곳도 있고 계속 떨어지는 지역도 있다. 그럼 '부동산은 언제 투자해야 하고 언제 팔아야 할까?'라는 의문이 쌓이게 된다. 우리나라의 많은 부동산 부자들은 IMF 때나 서브프라임 경제위기 때도 부동산 투자로 돈을 벌었다.

모든 사람이 이제 부동산은 끝났다고 생각할 때 그들은 아주 싼값에 부동산을 매입하고 때를 기다린다. 그러면 거짓말처럼 부동산 가격이 오르기 시작한다. 부자들은 요술쟁이일까? 아니면 공부를 많이 해서 머리가 천재일까? 둘 다 틀렸다. 그들도 우리처럼 똑같은 사람이다. 그러나 부자들은 이런 경제 사이클을 정확히 알고 있다. 예전에도 그랬으니까 말이다.

내가 아는 가구업을 하시는 K사장님은 시간이 나시면 커피 한잔 사들고 나의 부동산 사무실에 찾아오시는데 와서 많이 물어보지도 않으신다. 그냥 커피만 한잔 하시고 농담이나 주고받으며 얘기하시다가 가신다. 친해지고 안 사실이지만 이분의 부동산 재산만 해도 50억이 넘는다. 자기가 살고 있는 아파트뿐만 아니라 상가건물 몇 채를 가지고 계신다고 한다. 부자들은 말이 없다. 아니 말을 잘 안 한다. 듣는 것을 더 좋아한다.

그래서 내가 어느 날은 K사장님에게 물었다.

"아니, 사장님은 저에게 부동산에 대해서 물어보시지도 않으면서 비싼 커피는 왜 자꾸 사서 사무실에 오시나요?"

K사장님은 "그냥 저는 부동산에 오면 기분이 좋습니다. 소장님 말씀하시는 거 들으면 도움도 되고 소장님이 바쁘거나 전화통화가 많으면 부동산 시장이 경기가 좋은 거고 조용하면 부동산 시장이 침체된 것을 부동산 사무실에 가면 제일 먼저 느낄 수 있어요."라고 말했다. K사장님은 부동산 경기 흐름을 공인중개사 사무실에서 파악하고 계셨던 것 같다.

많은 사람들은 부동산 투자가 어렵다고 생각한다. 왜 그럴까? 그것은 바로 두렵기 때문이다. 열심히 모은 종잣돈을 투자했는데 아파트 가격이 떨어지면 큰일 나기 때문이다. 혹은 남편 또는 아내 몰래 비자금을 모은 돈으로 부동산 투자를 했는데 하필이면 내가 산 후로 가격이 떨어질까 두렵기 때문이다.

두려움은 왜 생기게 될까? 잘 모르기 때문에 두려움이 생기는 것이다.

예를 들어 여러분이 운전면허증을 따서 처음 운전을 하게 되었는데 마침 내일 친구 결혼식 때문에 장거리 운전을 한다고 생각해봐라. 얼마나 두렵겠는가? 아마 오늘 밤 걱정이 되어 잠도 잘 못 잘 것이다. 그러나 만약 내비게이션이 있다고 하면 어떨까? 내비게이션에서 나오는 아가씨 말만 잘 듣고 가면 문제없이 목적지에 잘 도착할 것이다. 요즘 우스운 소리로 내비게이션 아가씨 말과 와이프 말만 잘 들어도 편하게 산다는 말이 있다.

이렇듯 부동산 투자도 이 두려움에서 벗어나야 한다. 그럼 부자들은 처음부터 이런 두려움이 없었을까? 당연히 두려움이 있었다. 그러나 처음에는 실패도 하고 쓰라린 고배도 마시면서 두려움을 이겨냈고 지금은 그런 아픈 경험들이 자양분이 되어 성공할 수 있었다고 생각한다.

부자들은 투자의 맛을 안다. 지금쯤 사면 바닥까지는 아니라도 무릎 정도인 줄을 알기 때문에 두려움이 없는 것이다. 그들에게 과거의 경험 즉, 학습 효과가 크나큰 무기이자 투자를 과감하게 할 수 있는 원동력인 것이다.

내가 아는 부자들 중 부동산 투자를 안 하시는 분이 단 한 사람도 없다. 혹시 여러분 주위에는 있는가? 그분들의 직업은 다양하다. 사업가, 공무원, 선생님, 직장인 또는 장사하시는 분 등 많은 분야에서 직업은 다르지만 부동산 투자를 병행하고 있는 것은 동일하다.

부자가 되는 가장 빠른 지름길은 부동산이다

그럼 부동산 투자를 시작하려는 분들은 '도대체 무엇에 투자해야 하는가?'라는 의문을 가지게 될 것이다. 부동산 투자의 종류는 여러 가지가 있다. 주택, 아파트, 빌라, 오피스텔, 원룸, 토지, 상가, 분양권, 입주권 등 그 수가 너무나 많다. 가진 돈은 정해져 있고 투자는 이것도 하고 싶고, 저것도 하고 싶고, 다 하고 싶지만 현실의 벽이 너무나 높다. 일단 처음 시작은 소액으로 할 수 있는 초기 비용이 적은 투자를 고민해야 한다.

내가 10년 전쯤 가장 먼저 부동산을 투자한 것이 다가구 주택이었다. 그 이유는 전세 비율이 높아서 초기 비용이 얼마 들지 않았다. 매수 후 조금의 수리를 한 후 월세를 받을 수 있는 방으로 만들어 임대차를 놓기도 했다. 그리고 내가 이 주택을 6년간 보유하다가 매매했는데 전세 기간 2년간 3번이 돌아가면서 다행히 전세금이 많이 올라 나의 투자 종잣돈으로 사용할 수 있는 디딤돌로 활용하였다.

나는 내가 처음 투자한 시점이 부동산 경기가 좋았던 시점이라 전세금 올라간 만큼 원금 회복이 금방 되었다. 그리고 전세금이 오른 만큼 나는 그 돈으로 또 투자하고 수익을 창출할 수 있었다. 내가 만약 10년 전에 소액으로 다가구 주택에 투자하지 않고 정기적금에 넣어놓았다고 하면 어떻게 됐을까? 생각만 해도 끔찍하다. 아마 나는 지금도 회사에 다니면서 다람쥐 쳇바퀴 돌 듯 똑같은 생활을 반복하면서 살아가고 있을 거라고 생각한다.

여러분은 혹시 월요일이 두려우십니까? 일요일 오후만 되면 그다음 날이 걱정이 되어 괜히 짜증이 나고 한숨이 나오십니까? 사실 나도 예전에는 그랬다. 나는 일요일 저녁 주말 드라마가 끝날 시간이 되면 불안하고 초조하고 한숨이 나오는 생활을 했다. 그때는 정말 월요일이 싫었다. 금요일이 되면 기분이 최고 좋다가 토요일은 그냥 좋다가 일요일 오전까지는 괜찮다가 일요일 오후만 되면 어딘지 모르게 피곤하고 아쉬움도 남고 머리가 아프기 시작했다. 아마 이 시대를 사는 모든 직장인들의 고뇌가 아닌가 싶다.

그런데 만약 여러분들이 직장에 다니면서 열심히 모은 종잣돈으로 부동산 투자를 병행하면 어떨까? 그래서 월세 300만 원이 여러분 통장에 매달 들어온다고 가정해보면 어떨까?

물론 그래도 월요일은 두려울 것이다. 그러나 매달 월세 통장이 있는 사람은 덜 두려울 것이다. 왜냐하면 그들은 든든한 백이 있기 때문이다. 당장 내가 이 회사를 때려치워도 먹고사는 데 크게 불편함이 없기 때문이다. 그리고 사회생활도 당당하게 할 수 있다. 밤늦게까지 프로젝트를 준비한 것을 당당하게 부장님에게 보여드리고 내 의견을 말할 수 있을 것이다. 그러면 아이러니하게도 회사에서는 눈치 보고 의견을 못 내는 사람보다 일 잘한다고 승진도 빨리 되는 현상이 발생할 것이다.

공인중개사 입장에서도 지금처럼 중개업이 불황이라 계약이 안 된다고 해도 월세 통장을 가지고 있는 공인중개사는 생활하는 데 어려움이 없을 것이다. 이렇듯 부동산 투자로 인한 수익 발생은 여러분 인생에 자신감과 동기 부여를 제공하여 더욱 안정되고 즐거운 인생에 도움이 될 것이다.

우리나라의 많은 부자들은 부동산 투자를 통해 부자가 되었다. 투자한 종목은 다르지만 부동산 투자를 해야 남들보다 빨리 부유해진다는 것을 몸소 실천했던 것이다. 지금의 대기업도 수출을 많이 해서 이윤을 창출한 것도 있지만 부동산 투자를 통해 더 많은 이윤을 창출한 것이다. 부동산 가격은 긴 호흡을 가지고 볼 때 IMF 금융위기 때나 미국의 경제 공황인 서브프라임 때도 약간의 조정 시기가 있었지만 결국 시간이 지나자 또 상승을 했다.

결국 부동산 투자는 재테크의 가장 빠른 지름길이란 것을 말해준다.

06.

투자는 기술이
아니라 철학이다

부자들은 쌀 때 사고 비쌀 때 판다

우리 주변에는 주식 투자를 하는 사람들이 많다. 그분들은 항상 기상하자마자 미국의 다우지수와 나스닥 지수를 확인한다. 세계의 경제 상황도 체크를 해야 한다. 그래야 오늘의 국내 증시를 예상할 수 있기 때문이다. 그럼 주식 투자는 누가 돈을 버는 걸까? 이 질문에 많은 사람들이 궁금해할 것 같다. 우리나라 경제와 경영, 기업에 대해 잘 아는 전문가가 돈을 많이 벌 것 같지만 사실은 그렇지 않다. 내가 알기론 주식 투자를 해서 돈을 많이 번 사람은 많다. 앞으로 어떤 기업이 돈을 많이 벌 것인지를 예측하여 장기 투자를 하신 분은 돈을 많이 벌었다.

그러나 주식 투자는 제로섬 게임이다. 누가 돈을 벌면 누군 잃게 되어 있다. 결국 아무도 돈을 벌지 못한다. 개미들은 시장에서 이길 수가 없다. 물론 운이 좋아 돈을 벌고 있는 사람도 있지만 언제 어떻게 될지를 알 수가 없다. 투자는 기술이 좋은 사람이 돈을 번다고 하면 부동산 투자는 공인중개사들이 부자가 되어야 한다. 혹은 부동산학 박사학위를 받은 사람이 부자가 되어야 한다. 그러나 공인중개사는 부자보다 부자가 아닌 분이 더 많다. 사실 공인중개사들보다 부동산 부자들은 전국의 복부인들이다. 복부인들은 투자에 대한 철학이 있다. 자신만의 신념이 있다. 그것은 오랫동안 경험했던 학습 효과에서 나온다고 할 수 있다.

우리나라 사람들은 누가 부동산으로 돈 좀 벌었다고 소문이 나면 너도 나도 부동산 투자에 관심을 가진다. 그러나 그때는 부동산 가격이 꼭지의 정점일 때 제일 비싼 가격에 부동산을 구입한다. 반대로 정부가 부동산 과열을 잡기 위해 규제정책을 뉴스에 발표되면 하루아침에 '부동산 시장은 끝났다.'라며 시장이 냉각된다. 깡통전세니 부동산 대폭락이니 하는 말들이 쏟아져 나온다. 아이러니하게도 부동산 가격이 올라갈 때는 꼭지에서도 부동산을 구입한다. 그러나 부동산 경기가 좋지 않아서 싼 가격에 시장에 나와도 쳐다보지도 않는다는 것이다. 그러나 이때 부자들은 움직인다.

예를 들어 예전에 4억 하는 30평대 아파트가 3억 초반까지 떨어지면 한 개씩 두 개씩 매수에 나서는 것이다. 부동산으로 돈을 벌기 위해서는 다른 사람들과 반대로 생각해야 하는 것이다. 남들 살 때는 팔고 남들 싸게 팔 때는 사야 되는 것이다. 그런데 아주 단순해 보이는 이 말은 저자인 나도 사실 용기가 나지 않을 때가 있다. 그러니 보통 사람들은 할 수가 없다는 것이다. 혹시 더 떨어지지는 않을까? 지금이 정말 바닥일까? 걱정이 앞을 가리지만 과거의 경험과 학습 효과가 있다면 두려움 없이 투자를 할 수 있다. 이것을 실천하고 있는 분은 이미 고수의 반열에 올라 있다고 해도 과언이 아니다.

부자들은 자신만의 투자 철학을 가지고 있다. 그것은 운도 아니고 기술도 아니다

부자들은 자신만의 투자 방식과 철학을 가지고 있다. 누가 주변에서 뭐라고 해도 절대 따라 하지 않는다. 한 가지 분명한 것은 일반 사람들과는 반대로 움직인다는 이야기다. 부동산 투자 시기를 부동산 경기가 좋은 상승장이 아닌 하락장에서 투자를 한다는 것이다. 참 쉬워 보이지만 따라 하기 어려운 방식이다. 누가 부동산 가격이 자꾸 떨어지는 상황에서 부동산을 구입할 수가 있을까? '좀 더 떨어지면 어떡하지.'라는 생각이 머리에서 떠나지 않는다. 그러나 부자는 이때 움직인다. 자신이 생각했던 가격이라고 하면 뒤도 돌아보지 않고 움직이는 것이다.

1997년 말 우리나라는 IMF라는 국가 부도의 날을 맞았다. 많은 기업들이

도산하고 직장에서 쫓겨나고 자살하는 사람들이 많았다. 사회가 온통 전쟁 같은 암울한 상황이었다. 이런 혼란한 시기에 부자들은 아파트와 상가건물 등을 시세 대비 40%~50%에 구입을 했다. 그러나 일반 사람들은 살고 있는 집도 싸게 팔고 전세나 월세로 이동했다.

우리나라에서 가장 비싼 땅인 서울 명동의 네이쳐 리퍼블릭 건물도 IMF 가 한창인 1999년 경매로 낙찰되었다. 무려 36억이라는 싼값에 낙찰되었다. 지금은 약 임대료가 보증금 50억에 월세만 2억 6천이 나온다. 수익률 5%로 잡으면 매매가가 674억 원이나 된다. IMF 때는 이런 물건들이 사방에 많았다. 그럼 왜 부자는 사회가 혼란한 시기에 부동산을 사고 일반 사람들은 부동산을 파는 걸까? 그것은 생각의 차이라고 생각한다. 부자들은 나라가 망하지 않는 이상 우리나라 부동산은 또 올라갈 것이라고 생각했다. 그러나 일반 사람들은 IMF라는 경제위기에서 부동산은 끝났다고 생각했다. 이 조그만 생각의 차이가 엄청난 결과를 가져왔다. 2000년 말 IMF를 3년 만에 졸업하게 되었다. 결국 그 이후로 부동산 가격은 폭등을 하여 부자는 더 부자가 되었고 가난한 사람은 더 가난하게 되었다.

부자들은 어쩌면 경제위기, 부동산 경기가 불황인 시기를 더 좋아할지도 모른다. 위기가 기회이기 때문이다. 서양 투자 격언에 "무너진 시장에서 큰 수익이 난다."라는 말도 있다.

투자에 있어 가장 중요한 포인트가 자신만의 투자 철학을 가지는 것이다. 투자 철학을 갖기 위해 경험만큼 소중한 것이 없다. 그러나 이 세상 모든 것을 경험하지 못한다. 그래서 선배들이 경험한 부분을 책이나 강연을 통해 간접 경험을 하는 것이다. 투자 철학을 형성하기 위해서는 직접 투자를 해보면 된다. 직접 사서 팔아보고 쓰라린 실패도 경험해보면서 나만의 투자 철학이 생기는 것이다. 자신만의 투자 철학을 가지고 있어야 시장 상황이 나빠졌다고 부화뇌동해서 행동하지 않게 된다.

경제 호황의 시대 또는 불황의 시대에도 부자들의 투자는 계속된다. 멈추지 않는다. 자신만의 투자의 세계에서 자신의 길을 걸어가는 것이다. 부동산 경기가 흔들려도, 부자들은 흔들리지 않는다. 왜냐하면 부자들은 부동산 가격 시스템을 정확히 알고 있다. 어쩌면 부동산 경기가 나빠지기만을 기다리는 사람일 수 있다. 세상의 혼란한 틈을 타서 부자들은 투자를 했고 가격이 회복되면 매매를 해서 시세 차익을 남겼던 것이다.

부자들의 부동산 철학에는 '떨어진 곳은 반드시 오른다.'라고 하는 확신이 있는 것 같다. 투자는 기술이 아니라 철학이다.

07.

당신의 부의 그릇을
키워라

부자는 정해진 것이 아니다. 만들어지는 것이다

태어날 때부터 부자로 태어나는 사람이 있다. 우리는 이런 사람을 '금수저'라고 부른다. 금 탯줄을 처음부터 가지고 태어났기 때문에 인생이 행복해 보인다. 그러나 가난하다고 다 불행한 것도 아니고 부자라고 다 행복한 것도 아니다. 그러면 우리는 왜 부자가 되려고 그렇게 고생하면서 열심히 사는 것일까?

우리는 누구나 부자가 되고 싶어 한다. 그러나 그 이유는 다 다르다. 어떤 사람들은 가난이 싫어서 좋은 집에 살고 싶어서 부자가 되고 싶어 한다. 또는 어떤 사람은 부모님 고생시키지 않기 위해, 좀 더 편하게 해드리기 위해서라고 한다. 부자가 되려는 이유는 사람에 따라 각양각색일 것이다. 대부분은 돈의 노예에서 벗어나 경제적 자유를 꿈꾸며 행복하게 살기 위해서 부자가 되려고 할 것이다.

내가 아는 부자들은 다 행복해 보인다. 이 중에서 부자로 태어난 사람은 없다. 아니 있는데도 내색을 안 하는지는 모르겠다. 거의 대부분이 자기의 사업을 하고 있고 부동산 투자를 하고 있다는 것이 공통점이다. 그중에는 큰 사업을 하시는 분도 있고, 슈퍼를 여러 개 운영하시는 분도 있다. 심지어 공인중개사분도 있다. 가끔씩 만나서 이야기를 하다 보면 여유가 있어 보인다. 그리고 행복해 보인다. '그분들이 이 자리에 오기까지 얼마나 고생이 많았을까?'라는 생각을 하면 존경심마저 생긴다.

지금의 부자들도 어려운 시절이 있었다. 종잣돈을 모으기 위해 고생도 하고 사업에 실패도 하고 투자에도 실패했던 쓰라린 경험이 있다는 것이다. 온실 속에 화초처럼만 성장하지 않았다. 처음부터 부의 그릇이 크지 않았다는 것이다. 세월의 풍파를 이겨내고 어려운 시기를 극복하면서 단단하고 넓은 그릇이 되었다.

내가 아는 부자들 중에서 사업을 하시는 분이 많다. 사업의 종류는 다양하지만 부동산 투자로 부자가 된 것은 공통점이다. 특히 토지와 재개발 ·

재건축 투자가 많았다. 내가 아는 지인 형님은 재개발 투자로 단기간에 돈을 많이 벌었다. 어느 시점에 들어가고 언제 팔아야 하는지를 정확히 파악하게 되었다고 한다. 이분이 처음부터 투자를 잘했던 것은 아니다. 처음에는 타이밍을 잘 못 잡아서 손해도 보고 안 팔려서 엄청 고생도 많이 했었다. 그러나 몇 번의 실패를 경험하고 자기만의 투자 철학과 재개발·재건축 투자 경험이 더해지면서 지금은 누구보다도 그 분야의 1인자가 되었다.

나도 손님들이 재개발·재건축에 대해서 질문을 받다가 막히는 것이 있으면 전화를 걸어서 물어본다. 그러면 모르는 게 없을 정도로 답변을 잘한다. 그 형님은 재개발·재건축 투자는 현장에 답이 있다고 강조한다. 투자할 물건이 발견되면 그날부터 현장에 살다시피 한다. 조합원 사무실에 자주 들러 조합장과 인사도 하고 커피도 마시고 시간을 보낸다. 그리고 주변의 부동산 사무실을 돌면서 좋은 물건이 나오면 연락해달라고 미리 말을 해놓는다. 이렇게 현장을 돌아다녀보면 재개발·재건축 구역별 장·단점이 발견된다고 한다. 그리고 투자를 해야 될지 말지를 안다고 한다.

지인 형님은 주로 조합원 사무실에서 힌트를 얻는다고 한다. 조합원 사무실이 바쁘게 움직이면 정비사업이 잘 돌아가고 있다고 생각한다. 그리고 조합장이 누구냐에 따라 그분의 스타일에 따라 재개발 구역의 진행 속도를 알 수 있다고 한다. 재개발·재건축 사업과 같은 정비사업은 조합장의 권한과 책임이 매우 큰 자리다. 그렇기 때문에 조합장의 노력 여하에 따라 조합원들의 단결과 진행이 순조로울 수 있다.

여러분이 공인중개사라면 자신부터 부의 그릇을 키워라!

　나의 부동산학 박사 선배님이신 김영식 박사님의 책『부의 그릇을 키워라』의 내용을 보면 부자가 되고 싶으면 부의 그릇을 키우라고 강조했다. 가격은 누구나 말하지만 가치는 아무도 말하지 않는다. "투자는 가격보다 가치다!"라고 말했다. 부동산 투자에도 투자 철학을 접목하면 돈을 담아내는 부의 그릇이 달라지고 평생 자유롭게 응용해서 써먹을 수 있는 투자 지혜를 얻게 된다고 대한민국 1호 투자 주치의인 김영식 박사는 강조한다.

　저자는 우리 사회가 이제 학력 시대가 끝나고 돈의 지성 시대가 왔다고 말한다. 지금까지 학력은 직업을 가지고 행복한 가정을 꾸리기 위해 가장 중요한 요소였지만 대한민국이 학력 홍수 시대, 청년 실업 문제, 헬 조선을 거치며 학력만으로 도저히 해결되지 않는 시대에 현재 우리는 살고 있다. 이는 우리 사회가 새로운 패러다임으로 가기 위한 과도기에 있는 것이며 그 새로운 패러다임이 저자는 바로 돈에 대해 누가 제대로 된 지성을 갖고 있느냐가 관건인 돈의 지성 시대, 금전의 지성 시대, 투자의 지성 시대로 가고 있다고 주장한다.

　누구나 부동산 투자를 잘 알고 태어나는 사람은 없다. 학교 다닐 때도 국·영·수는 배웠어도 재테크 투자는 배우지 못했다. 사실 우리의 먹고사는 문제는 기초 학문보다 더 중요한데 학교에서는 가르쳐주지 않는다. 대부분 부동산 재테크는 회사에서 정년 퇴임 후 시간이 많은 노년층들의 전유물이었다. 그러나 인간의 평균 수명이 증가하면서 부동산 투자는 필수 항목이 되었고 재테크 열풍을 몰고 온 것이다.

여러분이 공인중개사라면 여러분! 자신부터 부의 그릇을 키워야 한다. 그래야 손님들에게도 나눠줄 수가 있다. 그런데 부의 그릇이 작으면 손님에게 무엇을 나눠줄 수 있단 말인가?

여러분의 동기 부여와 올바른 지도로 인해 부자가 된 손님은 여러분의 영원한 고객이 된다. 그리고 제2, 제3의 손님을 여러분에게 소개시켜줄 것이다. 그럼 여러분은 여러분의 큰 그릇에 담긴 부를 나눠주면 될 것이다. 그래서 먼저 당신의 부의 그릇을 키우는 것이 먼저다.

3장

상위 1%의
공인중개사가
되는 길

01.

출근 시간을 보면
중개가 보인다

아침 일찍 방문하는 손님은 진짜 손님이다

옛말에 "일찍 일어나는 새가 벌레를 잡는다."라는 속담이 있다. 이 말은 부지런한 사람이 성공한다는 뜻이다. 내가 아는 대부분의 개업공인중개사들은 늦게 출근한다. 출근 시간이 보통 10시를 넘는 경우가 많다. 회사 조직에서의 생활이 아니기 때문에 여유롭게 출근을 한다. 그리고 부동산 중개업은 손님이 아침 일찍은 오지 않기 때문에 일찍 출근을 하지 않는다. 하지만 그건 잘못된 생각이다. 손님이 많지는 않지만 가끔은 온다. 아침에 오는 손님은 진짜 손님일 가능성이 높다.

사실 나는 주변 부동산 소장님들에게는 일급비밀이지만 아침 일찍 문을 열어서 계약을 많이 했다. 계약 후에 손님들이 하나같이 하는 얘기가 오전 시간에 여기밖에 문을 열지 않아서 급한 마음에 사무실에 들어왔다고 한다. 나는 중개업을 시작하고 사무실 문을 9시 전에 열었다. 개업 초기에는 오전 8시 이전에 문을 연 적도 많았다. 일단 아침 일찍 출근하면 시간적 여유가 많다. 모닝커피로 하루를 시작하면서 먼저 어제 방문 고객의 명단을 확인한다. 그리고 피드백할 손님을 체크한다. 오후에 전화를 걸기 위해서다. 또한 어제 미처 하지 못한 업무도 오전 시간에 정리를 한다. 시간이 남으면 신문을 보면서 여유를 즐기기도 한다.

　보통 9시 전이면 대부분의 직장인들 출근 시간이기 때문에 손님이 없을 거라고 생각하는데, 사실은 많지는 않지만 제법 손님이 찾아온다. 출근하면서 잠깐 물어보는 사람도 있고 자기 아파트를 내놓기도 한다. 그리고 갑자기 집이 팔려서 빨리 이사 갈 집을 구하러 오는 사람도 있다. 오전에는 다른 사무실이 문을 열지 않기 때문에 독점으로 손님을 맞을 수 있다. 손님들도 일찍 사무실을 여는 공인중개사분들을 좋게 생각한다. 부지런하다고 하고 열심히 하는 공인중개사로 인식할 수 있는 것이다.

　내가 아는 L소장님은 출근을 오전 8시에 해서 사무실 문을 연다. 일요일과 급한 집안 행사가 아니면 거의 문 여는 시간이 정해져 있다. 물론 환갑이 다 되어서 시간적 여유가 있는 것도 맞지만 습관이 되었다고 한다. 일찍 와서 제일 먼저 사무실 청소를 하고 정리정돈을 한다. 그리고 인터넷 광고를 하기 위해 물건 검색을 한다. 예전에 올렸던 광고도 살펴보면서 체크를 한다. 그리고 아파트 실거래가를 살펴보면서 최근 거래가 된 사례를 숙지한다. 정확한 시세 파악이 되어야 손님에게 정확한 정보를 전달할 수 있기 때문이다. 그리고 L소장님은 오늘 할 목표를 세운다. 시간대별 무엇을 할 것인지를 종이에 적어서 가지고 다닌다. 그럼 심심할 때마다 종이를 꺼내서 보면 내가 해야 할 일이 있기 때문에 실천을 하게 된다. 목표가 있기 때문이다. L소장님은 중개업을 20년 가까이 하시면서 근면 성실했기 때문에 단골손님도 많고 워킹 손님도 많다.

대부분 공인중개사들은 하루 계획 없이 손님이 오면 일을 하고 손님이 오지 않으면 인터넷 사이트에 들어가서 놀면서 하루를 보낸다. 거의 대부분의 중개사들의 일상이다. 공인중개사들은 누가 일을 시키는 사람이 없기 때문에 자기가 알아서 일을 해야 한다. 그러다 보니 처음에는 열심히 하지만 시간이 지나면 나태해지고 게을러지게 된다. 나는 공인중개사들 대상으로 중개 실무 강의를 한다. 강의가 있을 때마다 공인중개사들에게 일찍 출근할 것을 강조한다. 일찍 시작해야 하루를 길게 살 수 있다. 그리고 오전의 여유로운 생활을 하지 못하면 하루 종일 시간에 쫓기며 생활할 수밖에 없다. 심지어 일찍 출근해서 할 일이 없으면 신문이라도 읽으면 세상 돌아가는 소식을 접하게 된다. 손님이 왔을 때 이야깃거리가 생기게 되고 부동산 정보도 전달해줄 수 있다.

나는 부동산 중개를 위해서는 남들과 차별화되는 나만의 히스토리를 만들어야 한다고 생각한다. 매일 반복적으로 실천할 수 있는 목표를 세워 습관화시켜야 한다.

부동산 투자와 중개를 위한 나만의 4가지 히스토리

부동산 투자와 중개를 위한 나만의 히스토리 만드는 비법 4가지를 설명하겠다.

첫째, 부동산 중개사무실 주변을 매일 1시간씩 돌아다녀야 한다. 부동산 중개의 물건을 찾는 방법은 임장에서 시작되고 임장에서 끝난다. 아직도 집주인들은 임대를 낼 때 자기 집 대문에 붙여놓는 사람이 많다. 이런 물건을 바로 접수해서 중개를 하면 된다. 의외로 좋은 물건이 나올 수 있다. 특히 상가의 경우는 직접 돌아다녀야지 물건을 접수할 수 있다. 손님이 부동산에 와서 접수하는 물건보다 현장에 좋은 물건이 많다.

둘째, 손님이 찾고 있는 부동산의 건축물대장을 열람해야 한다. 만약 손님이 중개사무실 주변 빌라를 찾고 있다고 가정하자. 그럼 주변 빌라의 건축물대장을 떼보면 된다. 손님이 원하는 가격과 조건에 맞는 빌라를 검색해서 작업하면 시간적으로 절약을 할 수 있다. 건축물대장의 정보를 보고 일단 D · M 발송을 한다. 이때 D · M의 내용이 중요하다. 구구절절한 사연을 보내는 것보다 '중개사무실 소개와 빌라를 찾는 손님이 있다.' 정도의 내용과 전화번호를 남겨두면 된다. 그러면 대부분의 빌라 주인은 연락이 없다. 그러나 꼭 빌라를 팔려고 하는 사람은 전화가 온다. 예전에는 건축물대장상의 주소를 확인하여 직접 찾아가서 작업을 했다. 그러나 요즘은 워낙 개인정보보호법이 강화되어 함부로 찾아갔다가 오히려 손님에게 불편을 줄 수가 있다.

셋째, 한 달에 한 번 부동산 관련 책 한 권은 무조건 사야 한다. 만약 시간이 없어 읽지 않아도 자기 돈을 주고 사야 한다. 중개업은 부동산 관련 법률이 해마다 바뀌고 변화가 많다. 이런 변화에 대응을 하지 못하면 경쟁에서 살아남을 수가 없다. 정확한 정보를 손님에게 알려주지 못하면 손님의 재산에 치명적인 손해를 입힐 수가 있다. 그래서 계속 공부해야 하는 직업이다. 그리고 중개업의 분야는 여러 가지가 있기 때문에 실전에서 모든 종목을 경험하기란 쉽지 않다. 간접 경험을 통해 나의 지식으로 만들어가야 한다. 그래서 책을 읽지 않아도 매달 책을 사서 책장에 꽂아두어야 한다. 그러면 손님들에게 보여주는 노출 효과도 있지만 직접 돈 주고 사게 되면 반드시 돈이 아까워서라도 읽게 되어 있다. 책을 볼 때는 처음부터 끝까지 보지 말고 필요한 부분만 찾아서 읽으면 된다. 그리고 또 모르면 그때 찾아서 보면 금방 나의 지식이 될 수 있다.

넷째, 나만의 부동산 노트를 만들어 일기를 쓰자. 하루에 일어난 일을 전부 다 기록할 수 없지만 기억에 남거나 새롭게 알게 된 정보를 적어서 보관해두면 큰 재산이 될 수 있다. 노트에 적는 게 불편하신 분은 카페 사이트나 블로그에 연동하여 적어놓으면 영구적으로 보관할 수 있다. 그리고 손님의 정보와 관심 부동산도 메모해두면 나중에 나의 고객이 될 수도 있다. 요즘 젊은 공인중개사분들은 스마트폰을 활용하여 중개업 일을 많이 하고 있다. 특히 매물 검색도 예전의 장부에 적는 형식이 아닌 스마트폰 앱을 활용하여 체계적이고 보기 쉽게 물건 리스트를 관리하고 있다. 그리고 블로그 등의 SNS를 활용한 물건 정보도 공유하고 있다.

공인중개사는 '계약이 없으면 실업자'라고 한다. 부동산 계약이 없으니 할 일이 없어서 매일 인터넷 검색만 하다가 퇴근을 하는 것이다. 그러나 손님은 찾아오는 손님만 생각해서는 안 된다. 내가 직접 손님을 모시고 와야 부동산 중개 시장에서 살아남을 수 있다. 그러기 위해서는 일단 일찍 출근해야 한다. 하루를 길게 살면서 자신만의 히스토리를 만들어야 한다. "오늘 걷지 않으면 내일 뛰어야 한다.", "네가 헛되어 보낸 오늘은 어제 죽은 이가 그토록 살고 싶어 하는 내일이다."

★ 부동산 투자와 중개를 위한 나만의 히스토리 만들기

---

1. 부동산 중개사무실 주변 1시간씩 돌기.

2. 부동산 사무실 주변 건물(주택, 상가, 맨션) 건축물대장 떼기.

3. 한 달에 한 번 부동산 관련 책 한 권 무조건 사기-안 읽어도 사라.

4. 나만의 부동산 노트에 적은 내용을 블로그와 카톡, 카페 등과 연동하면서 나만의 스토리를 만들자.

02.

부동산 중개업은 어느 구름에서
비가 내릴지 모른다

부동산 중개든 투자든 결국 사람이 중요하다

아직도 많은 사람들은 공인중개사만큼 쉬운 일도 없다고 생각한다. 손님이 사무실에 와서 부동산을 한 번 안내했는데 계약이 되니 말이다. 일반 사람들은 너무 쉽게 돈을 번다고 생각한다. 중개수수료를 낮춰야 한다고 주장한다. 그래서 실제 중개수수료가 2021년 10월 19일부터 개정되면서 깎이게 되었다. 그러나 우리가 앞의 예처럼 한 번 안내하고 바로 계약까지 가는 경우가 많이 발생한다면 공인중개사들은 금방 부자가 될 것이다. 그러나 대부분의 공인중개사들은 가난하다. 왜냐하면 계약이 잘 안 되기 때문이다. 부동산을 한 번 보고 계약하는 사람도 있지만 열 번 안내를 해도 계약이 안 되는 경우가 더 많다. 그리고 우리 동네에 얼마나 많은 중개사무실이 있는가? 손님을 뺏기지 않기 위해 매일매일이 전쟁이다. 많은 직업군 중에 공인중개사의 평균 수명이 낮은 데는 다 이유가 있다.

그리고 스트레스를 엄청 받는 직업이다. 부동산은 물건과 물건을 연결해 주는 직업이지만 물건의 주인은 사람이다. 사람과 사람을 이어주고 설명하고 설득해야 하는 피곤한 직업인 것이다. 손님 중에는 공인중개사에 호의적인 분들도 많지만 까다롭게 구는 손님이 더 많다. 요즘 스마트폰이 대중화되면서 조금이라도 잘못된 정보를 전달하면 바로 검색을 하기 때문에 말하는 것도 조심스러울 때가 많다. 부동산 계약서를 작성할 때도 조심할 것이 많다. 요즘은 공동중개가 많기 때문에 상대편의 공인중개사와의 호흡도 되게 중요하다. 만약 상대편 공인중개사와 관계가 좋지 못하면 계약서를 작성하는 데도 어려움이 따른다.

계약은 매도자 매수자 모두의 행복한 결말을 기대하기는 어려운 제로섬 게임이다. 누가 조금 더 싸게 사거나 누가 조금 더 싸게 팔았기 때문에 거래가 이루어진 것이다. 매수인은 조금이라도 더 싸게 사고 싶고, 매도인은 조금이라도 더 비싸게 팔고 싶은 것은 인지상정이다. 그리고 잔금을 치르고 소유권이 넘어가서 중개가 마무리가 되어도 끝이 아니다. 중대한 하자 부분에 대한 매도인 담보책임이 있기 때문에 안심할 수가 없다. 이렇듯 일련의 중개 과정은 1~2개월 정도 진행되는 경우가 가장 많다. 그리고 중개가 끝났다고 해서 끝난 게 아니다. 시간이 지나 머릿속에서 계약에 대한 생각이 지워져야 비로소 끝나는 것이다.

부동산 중개업은 1% 가능성을 99%라 믿고 최선을 다해야 한다

부동산 중개업은 "창살 없는 감옥이다."라는 말을 한다. 분명! 자유롭게 움직이고 다닐 수 있는 직업이지만 언제 어디서 손님이 올지 모르기 때문이다. 그래서 사무실은 비워두고 나갈 수가 없다. '혹시 내가 잠시 나간 사이에 손님이 와서 집을 산다고 하면 어떡할까? 아니면 다른 중개사무실에 들어가면 어떡하지?' 등 머릿속이 복잡해진다. 사무실에 실장님이나 다른 직원들이 있으면 괜찮지만 혼자 운영하는 소장님들은 여간 마음이 편하지 않다.

내가 아는 베테랑 여자 공인중개사 K소장님은 중개업 경력이 15년이다. 아파트 입주 때부터 한곳에 정착을 해서 아파트 입주민들과도 친하게 지낸다. 혼자서 중개업을 하기 때문에 사무실에 늘 혼자 있다. 그런데 어느 날 동창회 모임이 있어 점심시간에 사무실을 비웠다고 한다. 마침 그때 손님이 사무실 문이 잠긴 것을 보고 K소장에게 전화를 걸었는데 전화가 안 되었다고 한다. 그래서 결국 다른 사무실에서 계약을 했고 계약한 아파트가 K소장님도 가지고 있던 물건이어서 마음이 아팠다고 한다. K소장님과 같은 사례는 중개업에서 너무나 많이 발생하고 있다. 그래서 공인중개사는 창살은 없지만 자유롭게 돌아다닐 수 없는 감옥 같은 사무실에 있어야 한다. 그래서 보통 중개업은 2명이 한 조가 되어서 운영하는 게 가장 이상적인 것 같다.

부동산 중개업을 하다 보면 많은 시행착오를 겪게 된다. 손님에 대한 시행착오 말이다. 이 손님이 진짜 집을 사러 오는 손님인지 아니면 부동산 관계자인지 또는 물건만 보러온 손님인지 한 번에 파악하는 방법이 있다. 이때는 진짜 손님 파악을 위해서 이런 질문을 하면 된다. "혹시 이사는 언제 하실 예정이십니까?"라고 물어보면 진짜 집을 보러 오신 손님이면 정확하게 대답을 할 수 있다. 그러나 가짜 손님이면 당황하게 되면서 엉뚱한 말을 하게 된다. 이때 대충은 손님을 파악할 수 있다.

나는 부산 연제구 연산동에 있는 1,600세대 아파트 앞에서 중개업을 하고 있다. 주로 대부분이 아파트 손님이고 나머지는 주택, 빌라, 맨션, 상가 등의 손님이 온다. 그런데 손님 중 정확한 이사 날짜도 정해지지 않고 무작정 집을 보여 달라고 하는 손님이 있다. 그것도 30평대에서부터 60평대까지 전부 다 말이다. 공인중개사가 모든 손님에게 다 친절할 수는 없다. 그렇다고 가짜 손님이라고 생각했는데 진짜 손님이어서 낭패를 볼 수도 있다.

나의 일화 중에 최근에 있었던 얘기를 해보겠다. 저녁 시간이 다 되어가는 오후 시간이었다. 스님 한 분이 찾아오셔서 처음에는 사무실 근처에 자기 소유의 주택이 있는데 팔아 달라고 하셨다. 대지가 70평 가까이 되는 마당이 넓은 주택이었는데 매매를 하고 싶다고 했다. 그러면서 요즘의 경기 상황과 정치에 대한 이야기도 하면서 이야기가 길어졌다. 그리고 스님께서는 요즘 신도들도 많이 빠져나가서 교육 사업도 어렵다고 하셨다. 스님의 말씀을 듣고 있으면 시간 가는 줄을 몰랐다. 그분이 살아온 인생 스토리가 재미있어서 다 듣고 있었던 것이다. 원래 스님은 종교에 뜻이 없었다고 했다. 그래서 자식도 2명을 낳고 키우다가 속세에 뜻이 없어 출가를 하게 되었다고 한다. 지금은 주택을 팔아서 조그만 암자를 사려고 계획을 가지고 있었다. 그러기 위해서는 지금의 주택을 팔아야 했다.

며칠 후 다시 스님이 사무실에 찾아오셨다. 이번에는 40평대 아파트 전세를 찾아 달라고 했다. 큰아들이 자기와 같이 주택에 있는데 분가를 해야 한다는 이유였다. 나는 여러 번 집을 보여주고 조건이 맞는 아파트 전세를 구해주었다. 전세 계약을 하고 나서 스님께서 말씀을 하셨다. "내가 주변의 부동산을 많이 돌아다녀봤는데 제 소장이 가장 인상적이었습니다. 다른 부동산 소장은 시주를 받기 위해 온 것으로 알고 쫓아내는 곳도 있었습니다. 그런데 제 소장은 이야기도 잘 들어주고 설명도 잘해주었습니다."라는 말씀이었다. 그 이후로도 많은 손님들을 소개시켜주고 물건도 내놓으면서 많은 도움을 받고 있다.

부동산 중개업은 어느 구름에서 비가 내릴지 모른다. 1%의 가능성이 있더라도 최선을 다해야 한다. 최선을 다하다 보면 좋은 결과가 나타날 수 있다. 지금은 좋은 결과가 나타나지 않더라도 나의 친절한 상담이 언제 계약으로 돌아올지 아무도 모르기 때문이다.

03.

주변 부동산 소장과
자주 밥을 먹어라

부동산 종목에 따라 공인중개사의 연령대가 달라진다

우리나라에서 공인중개사 자격증을 가진 사람은 약 50만 명쯤 된다. 그중에서 중개업 사무실을 운영하고 있는 개업공인중개사는 약11만 명쯤 된다. 엄청난 숫자다. 그리고 매년 공인중개사 시험에 최종 합격하는 사람도 2만 명 정도 예상된다. 예전에는 정년 퇴임 후 제2의 인생을 대비한 자격증이었으나 지금은 20대, 30대의 젊은 연령층의 시험 응시 비율이 높아지고 있다.

국내 경기 여파로 양질의 일자리가 만들어지지 않는 이상 젊은 층의 공인중개사 비율도 계속 높아지고 있다. 많은 대학교에서도 부동산학과가 개설되면서 인기 학과로 발돋움을 하고 있다. 부동산학과 학생들도 졸업하기 전 공인중개사 시험을 치기 때문에 앞으로 젊은 층의 공인중개사 시험응시 비율은 계속 높아질 예정이다. 내가 겸임교수로 나가는 대학교에서도 공인중개사 시험에 도전하는 학생들이 많다. 졸업하기 전에 공인중개사 자격증을 따려고 노력하는 것이다.

요즘 부동산 소장들의 연령대를 보면 젊은 공인중개사도 많이 늘어났다. 특히 대학가 주변의 부동산 사무실은 같은 또래의 20대 공인중개사가 차지하고 있다. 같은 연령대의 공인중개사는 아무래도 대학생 손님들에게는 편안하게 다가가기 때문에 인기가 많다. 그리고 친구의 친구 소개도 많기 때문에 대학가 주변은 젊은 공인중개사들의 독차지가 되어가고 있다.

아파트의 경우는 사정이 다르다. 40~50대 여자 소장님들의 주 무대라고 할 수 있다. 아파트 손님들의 대부분은 여자 손님이기 때문에 같은 여자 소장님들이 유리한 부분이 크다. 나도 지금 대단지 아파트에서 중개업을 하고 있지만 주로 와이프가 모든 안내와 설명을 하고 있다. 남자인 내가 안내하는 것도 관계는 없지만 여자 공인중개사가 안내를 하면 더 통하는 것이 많기 때문이다. 그리고 집을 보기 위해 방문할 때도 집을 보여주는 사람도 대부분이 여자이기 때문에 남자보다 여자가 안내하는 것이 더 편리하다.

요즘 대부분의 대단지 아파트의 경우 단지 내 아파트 상가에 속한 부동산끼리 공동중개망을 이용한 중개를 하고 있다. 자기들만의 기득권을 가지고 영업을 한다. 새롭게 창업하는 공인중개사는 공동중개망에 들어올 수가 없다. 그래서 부동산 사무실을 구할 때는 공동중개망을 사용할 수 있는 사무실인지 아닌지를 파악하고 계약을 해야 한다. 요즘 대부분의 거래가 공동중개인 경우가 많기 때문에 공동중개망의 사용 여부는 부동산 창업의 핵심 요소이기 때문이다.

공동중개망을 사용하는 공인중개사끼리도 서로 잘 맞는 사람도 있고 잘 맞지 않는 사람도 있다. 왜냐하면 중개업도 사람이 계약을 하는 것이기 때문에 인간관계가 중요하다. 만약 매수 손님이 나에게 왔는데 손님이 찾는 물건이 나에게 없다고 하면 다른 부동산 사무실에 의뢰를 해야 한다. 그럼 이때 여러 군데의 사무실에서 이 물건을 가지고 있다고 하면 당신은 누구에게 전화를 할 것인가? 당연히 나랑 친하고 자주 밥을 먹는 소장에게 전화를 할 수밖에 없다. 그래서 중개업은 주변 부동산 소장들과 자주 밥을 먹고 친해져야 한다. 그래야 계약을 할 수 있는 확률이 높아지기 때문이다.

중개업은 정보가 생명이다. 정보를 가장 많이 공유하는 때는 점심 식사 시간이다

내가 중개업을 하고 있는 곳은 부산 연제구 연산동에 있는 J아파트다. 세대수가 1,600세대 되는 대단지 아파트이다. 여기에 부동산만 해도 20곳이 넘는다. 그중에서 같은 공동중개망을 사용하는 곳이 15곳이 된다. 우리는 두 달에 한 번 등산도 하고 같이 식사를 하는 모임을 가진다. 15곳이지만 이 중에서 서로 거래를 많이 하는 사무실이 있고 거래를 잘 안 하는 사무실도 있다. 그것은 공인중개사끼리의 친분에 달려 있다고 해도 과언이 아니다. 물론 독점물건이 나오면 계약을 위해서 독점물건이 있는 사무실에 의뢰를 해야 한다. 그러나 물건이 여러 군데 나와 있으면 부동산 소장들과의 친분이 중요하게 작용하는 것이다.

공동중개망을 사용하는 15개 사무실 중 남자 공인중개사 혼자 운영하는 곳은 딱 두 군데밖에 없다. 거의 대부분이 여자 소장님과 실장님이 있다. 이 중에서 B부동산 N소장님은 중개업을 잘하는 베테랑 소장님이다. 중개업 경력이 20년이 다 되었다. 이분은 서로 공동중개를 하면 항상 밥을 사주신다. 점심을 같이 먹으면서 고맙다고 하신다. 그리고 평소에도 시간만 되면 밥을 같이 먹자고 하시며 약속을 정한다. 그래서 이분을 싫어하는 부동산 소장은 없는 것 같다. 중개하면서 힘든 점이나 불편한 점이 있으면 식사를 하면서 다 풀기 때문에 섭섭한 감정이 남아 있지 않는다. 그리고 집에 제사가 있는 날이면 다음 날 항상 같이 밥 먹으로 오라고 전화가 온다. 정말 정이 많으신 소장님이다.

그리고 내가 주변 부동산 소장들과 밥을 자주 먹으라고 하는 데는 다른 이유도 있다. 밥을 먹다 보면 주로 하는 얘기가 부동산 물건과 손님 얘기가 많다. 직업이 중개업이다 보니까 이런 얘기가 안 나올 수가 없다. 그런 이야기 중에 내가 몰랐던 정보도 알게 되고 서로 물건에 대한 새로운 정보도 알게 되면서 계약이 되는 경우도 많다. 혼자 외톨이로 중개를 하는 것보다는 여러 명이 같이 어울리다 보면 서로 도움을 주고받을 수가 있기 때문에 중개업에 유리하다. 이 세상에 독불장군은 없다. "혼자 가면 빨리 갈 수 있어도 멀리 갈 수는 없다." 같이 가야지 멀리 오랫동안 갈 수 있기 때문이다.

부동산 중개업을 하면서 나 혼자 계약을 다 하겠다고 덤비게 되면 아파트 주변 돌아가는 얘기도 모르고 물건 파악도 할 수가 없다.

처음 이곳에서 중개업을 했을 때는 와이프 없이 혼자 시작을 했다. 대단지 아파트에 남자 혼자 중개업을 하는 게 어렵다는 것을 알고 있었지만 도전해보겠다고 해서 시작을 하게 되었다. 그래서 처음에는 주변 부동산 소장님과도 어울리지 않았다. 왜냐하면 내 나이가 가장 어렸고 대부분 여자 소장님들이라 불편한 게 사실이었다. 그러다 보니 다른 소장님들도 나를 불편해했고 서로 친해지기 어려웠다. 그러니 자연스럽게 내 손님이 오지 않으면 거래가 발생하지 않았다. 다른 소장님들이 내 물건의 부동산을 거래해주지 않았기 때문이다. 운이 좋은 달에는 내 손님을 통한 거래가 가능했지만 손님이 없는 달은 계약이 안 되는 경우가 더 많았다. 두 달에 한 번 모임이 있어서 친해질 수도 있었지만 너무 짧은 만남에 가까이 가기에는 시간이 더 필요했다.

그리고 중개업을 시작하고 2개월 뒤에 와이프가 같이 일을 하게 되었다. 와이프의 성격은 밝고 붙임성이 좋아서 주변 부동산 여자 소장님들과 금방 친해질 수 있었다. 같이 밥 먹는 횟수도 많아지면서 빠르게 적응해갔다. 그러면서 아파트 주변 정보도 알게 되고 부동산 물건도 공유하면서 차츰 공동체 일원으로 자리 잡게 되었다. 그러면서 부동산 계약도 점점 늘어나게 되고 중개 생활도 재미있게 되었다.

부동산 중개업도 사람이 하는 곳이다. 부동산이란 재화를 사고팔고 임대를 놓는 직업이지만 결국 부동산의 주인도 사람이고 이것을 중개하는 공인중개사도 사람이다. 사람이 사는 곳은 다 똑같다. 자주 보면 정이 들게 되어 있고 친해지게 되어 있다. 돈 잘 버는 공인중개사가 되려면 주변 부동산소장들과 자주 밥을 먹어야 한다.

04.

부동산 중개업은
심리학이다

부동산 중개업은 친절해야 살아남는다

사람의 마음을 얻으면 세상을 다 가질 수가 있다. 그런데 그것은 참 어렵다. 사실 내 마음도 잘 모르는데 남의 마음까지 알기가 어렵기 때문이다. 요즘 세상은 개인주의가 일상화된 전형적인 각자의 삶에 갇혀 있다. 같은 아파트 같은 층에 살면서 인사 한 번 제대로 안 하는 세상이다. 엘리베이터에서도 인사를 안 하는 세상이 되었다. 누구라도 먼저 인사를 하면 기분이 좋아지고 밝은 사회가 될 것 같다. 그러나 인사를 했는데 아무 답이 없을 때의 무안함 때문에 인사를 망설이게 된다.

부동산 중개업은 타인의 부동산 거래를 중개하고 수수료를 받는 직업이다. 중개업은 국민의 부동산 거래 활동을 도와주는 생활 밀착형 서비스 산업이다. 그래서 부동산 중개가 과학적이면 모든 부동산 현상이 과학화되고, 중개윤리의 수준이 높으면 부동산 거래 질서가 확립된다.

공인중개사는 이 땅의 부동산 거래 질서를 확립하고 원활한 중개를 위해 이 땅에 태어났다. 그냥 '공인' 자가 붙지 않는다. 우리나라 자격증 중에 '공인' 자가 붙는 자격증이 몇 개 없다. 공인회계사, 공인노무사 정도다. 공인중개사의 자격증은 대단한 자격증이라 할 수 있다.

그러나 사람들은 공인중개사를 믿지 않는다. 일단 의심부터 하고 접근한다. 그리고 자격증 중에서도 세무사, 법무사처럼 전문 직업으로도 인정을 받지 못한다. 왜냐하면 공인중개사가 주변에 너무 많다. 지금 현재 우리나라에 공인중개사 자격증을 가지고 있는 사람만 약 50만 명이다. 그리고 부동산 사무실을 개업한 개업공인중개사도 전국적으로 10만 명이 넘는다.

동네 어디서도 쉽게 부동산 사무실을 볼 수 있다. 너무 많기 때문에 경쟁이 치열하다. 우리 사무실에 온 손님을 안 뺏기기 위해서는 무슨 수를 써서라도 계약을 성사시켜야 하기 때문이다. 그러면 사실을 과장하게 되고 정확하게 알아보지 않고 계약을 할 수밖에 없는 구조라고 생각한다. 나는 이런 중개 상황이 공인중개사의 질적 가치를 떨어뜨리고 신뢰를 없애는 구조라고 생각한다.

하루빨리 공인중개사 시험제도가 절대평가에서 상대평가로 바꿔야 한다. 그래서 필요로 하는 공인중개사를 적절히 조절할 필요가 있다고 생각한다. 그리고 전속 계약을 활성화시켜야 한다. 외국의 경우처럼 부동산 물건을 한 공인중개사에게 맡겨서 책임 중개를 할 수 있도록 해야 한다. 그래야 공인중개사도 여유를 가지고 부동산 중개를 할 수 있기 때문이다.

부동산 중개업을 잘하기 위해서는 서비스 정신이 중요하다. 친절해야 한다. 누구나 사람이 친절하고 편하게 해주면 호감을 가지게 되어 있다. 인상도 중요하다. 손님들은 자신이 가지고 있는 가장 비싼 재산을 팔고, 사기 위해 중개사 사무실에 들어온다. 그런데 공인중개사 소장의 인상이 범죄형 인상이거나 웃지도 않고 화난 표정으로 사람을 대한다면 손님들은 사무실에 들어오지 않게 된다. 잘 웃어야지 인상이 좋아 보이고 편안해 보이기 때문에 손님이 사무실에 들어올 확률이 높다.

부동산 중개업은 누가 먼저 손님의 마음을 훔치는가의 게임이다

그리고 중개업을 잘하기 위해서는 손님들의 심리를 잘 살펴봐야 한다. 부동산 중개업은 누가 먼저 손님의 마음을 훔치느냐에 승패가 달려 있다. 즉 손님의 니즈(needs)를 파악하고 그것을 빨리 해결해줘야 계약이 성사될 수 있다. 손님은 방 3개의 20평대 아파트를 찾고 있는데 30평대가 가격 대비 좋다고 강조하면 안 된다는 것이다. 손님이 돈이 없어서 아파트 월세 물건을 찾고 있는데 자꾸 전세 물건만 강조해서는 안 된다는 것이다. 이렇듯 손님의 간지러운 곳을 정확히 긁어주어야 계약이 이루어질 수 있다.

내가 아는 부동산 소장님 중 K 여자 소장님은 아파트 대단지 앞에서 중개업을 운영하고 있다. 벌써 10년 이상 된 베테랑 공인중개사다. 이 소장님은 손님에 따라서 집중해야 되는 사람이 있다고 한다. 예를 들어 애기를 데리고 온 젊은 부부에게는 일단 애기에게 집중을 한다. 애기에게 과자를 주거나 사탕을 줘서 관심을 끌고 잘해주면 젊은 부부는 마음을 열게 된다고 한다. 그리고 부모님을 모시고 온 손님은 부모님에 집중해서 대화를 진행한다. 부모님에게 차를 대접하고 자식들을 키우느라 얼마나 고생했는지를 자신의 경험을 통해 공감대를 형성시킨다. 그러면 금방 친해지고 속마음을 들을 수 있다고 한다.

이렇듯 중개업은 사람의 심리를 빨리 파악하고 손님의 무엇을 원하는지 왜 내 사무실에 왔는지를 알아내야 한다. 손님이 부동산 사무실을 오는 데는 이유가 있다. 그냥 지나가다가 커피 한잔 마시러 오는 손님도 이유가 있어서 오게 된다. 뭔가 하고 싶은 말이 있는 것이다.

공인중개사는 손님이 하고 싶은 얘기를 할 수 있도록 편안한 분위기를 조성해야 한다. 그렇지 않고 자신의 말만 하고 자기주장만 내세우면 손님은 하고 싶은 얘기를 하지 못하게 된다. 손님이 하고 싶은 얘기를 편하게 하고 잘 들어줘야 부동산 중개업에서 성공할 수 있다. 그래서 "부동산 중개업은 심리학이다."라는 말이 나오게 되었다.

『부동산 중개업은 심리학이다』의 저자 김종언 소장은 지난 28년 동안 부동산 중개사무소를 운영하면서 겪은 노하우를 동료, 선·후배 공인중개사 여러분과 공유하기 위해 책을 썼다고 한다. 그동안 약 200명의 보조원과 소속공인중개사들과 함께 일해보았지만, 정성을 다해 자신의 일, 자신의 사무소와 같은 생각으로 임하는 사람이 많지 않았다고 한다. 그리고 아무리 나쁜 경험이라도 공인중개사에게 영원한 적이나 동지는 없다. 언제나 서로 좋은 관계를 유지하고 동반 성장하는 영업 문화를 정착시켜 수익 창출에 힘쓸 뿐이다. 이 목표를 달성하기 위해 저자는 앞으로도 중개 시 일어나는 문제 상황을 기록하고 해결책을 조언하며, 항상 연구하여 개업공인중개사가 프로공인중개사로 성장할 수 있는 밑거름이 되겠다고 강조한다.

개인적으로도 잘 알고 있는 김종언 소장님은 70이 넘은 나이에도 늘 에너지가 넘친다. 우리 같은 젊은 공인중개사의 희망이자 표본인 것 같다. 나도 '김종언 소장님과 같은 나이에 저 정도의 열정으로 중개를 할 수 있을까?'란 생각이 들 정도로 대단한 분이다. 김종언 소장님은 늘 현장을 누비시며 후배 공인중개사들에게 도움이 되는 얘기를 많이 해주신다. 특히 어려울수록 준비를 철저히 하라고 하신다. 언제 어떤 손님이 들어올 줄 모르기 때문에 준비를 하고 있어야 한다는 것이다.

그리고 꿈을 가지라고 한다. 공인중개사 중에서 꿈이 있는 공인중개사는 거의 없다. '어떻게 하면 이번 달 계약을 많이 해서 월세 내고, 사무실 경비 내고 얼마 수익을 가져갈까?'란 생각밖에 없다. 1년 뒤 또는 3년 뒤의 목표가 없다. 목표 없는 삶은 방향을 잃은 돛단배와 같다. 목표가 있어야지 목표를 이루기 위해 노력하기 때문이다. 김종언 소장은 후배 공인중개사에게 "첫째, 자가 부동산 갖기, 둘째, 수익형 부동산의 주인이 되자, 셋째, 자신의 저서를 남기자."를 목표로 열심히 생활하기를 강조한다.

지금 우리나라의 경제 상황은 다들 어렵다고 한다. 미국발 금리 인상으로 부동산 경기는 시간이 지날수록 안 좋아지고 있다. 부동산 거래가 줄어들면서 공인중개사뿐만 아니라 소속공인중개사, 중개보조원에게 피해가 커지고 있다. 갈수록 상황이 안 좋아지고 있는 부동산 시장에서 경쟁은 더욱더 치열해질 수밖에 없다. 이럴 때일수록 부동산 물건 파악과 가망 고객에 대한 리스트를 정리하여 연락을 해야 한다. 손님이 일단 사무실에 들어오면 계약을 시키겠다는 목표를 가지고 철저한 준비를 해야 한다. 그러기 위해서는 손님이 마음을 움직여야 한다. 그리고 무엇을 원하는지를 빨리 캐치해야 한다. 부동산 중개업은 심리학이다.

05.

당신은 현장에
발을 담그고 있습니까?

부동산 중개는 현장에 답이 있다

봄이 오는 것을 누가 가장 먼저 알까? 옛날에 봄은 '여자의 옷'에서부터 온다고 했다. 틀린 말은 아니다. 그러나 봄이 오는 것은 오리가 가장 먼저 안다. 오리는 늘 발을 물속에 담그고 있기 때문에 물이 차가운지 따뜻한지 제일 먼저 알게 되는 것이다. 그럼 부동산 경기가 좋은지 나쁜지는 누가 가장 먼저 알게 될까? 바로 개업공인중개사들이다. 왜냐하면 부동산 거래를 보면 부동산 경기를 예상할 수 있기 때문이다. 거래가 잘되면 부동산 경기가 좋아지는 것이고 거래가 안 되면 부동산 경기가 안 좋은 것이다.

부동산 중개는 현장에 답이 있다. 공인중개사는 늘 현장에 몸을 담그고 부동산 동향을 민감하게 파악해야 한다. 그리고 부동산 주변을 많이 돌아다녀야 한다. 요즘 부동산 소장님들이 너무 쉽게 중개를 하려고 한다. 내 사무실 주변에 어떤 건물이 있는지를 파악도 하지 않고 오는 손님의 물건만 중개를 하려고 한다. 운이 좋아 손님이 내놓은 물건이 거래가 되면 좋겠지만 한계가 있다. 왜냐하면 오는 손님의 물건은 나뿐만 아니라 다른 부동산에도 내놓기 때문이다. 여러분이 중개가 아닌 기도를 해야 계약이 이루어진다면 중개업에서 살아남을 수 없다.

공인중개사는 부동산 사무실 주변을 돌아다녀야 돈이 된다. 왜냐하면 돌아다니다 보면 돈 되는 물건이 사방에 널려 있다. 주택이나 상가건물 주인들은 보통 부동산 사무실에 자신의 물건을 의뢰하러 온다. 그러나 아직까지 집주인은 임대를 자기 집 대문에 붙여놓는 경우가 많다. 그런 물건을 접수하여 중개를 하면 된다. 무에서 유를 창조하는 것이다. 매일 돌아다니다 보면 우연히 주인을 만나는 경우도 있다. 그러면 생각지도 못했던 좋은 물건도 접수 받을 수 있다. 그리고 매수, 임대 손님이 찾는 물건도 발견하게 되면 바로 계약을 할 수 있다.

내가 아는 소장님 중에 H소장님이 있다. 나보다 10살이나 많기 때문에 형님으로 편하게 부른다. H소장님은 개업한 지 5년 정도 되었다. 자격증을 따고 나서 바로 창업을 하셨는데 부산 정관 신도시 상업지 가장 중심에 보증금 5,000만 원에 월세 300만 원인 사무실에 개업을 했다. 처음에는 다들 위치는 좋은데 처음부터 너무 부담스러운 자리라고 말리는 사람이 많았다고 한다. 그러나 H소장님은 중개업은 입지가 중요하다고 그 장소를 선택한 것이다.

대단지 아파트 주변의 메인 상가 1층 사무실이기 때문에 이 동네를 오는 손님은 H소장 사무실을 거쳐가게 되어 있다. 실장님 한 명을 사무실에 두고 자기는 매일 돌아다닌다. 처음 개업하고 일요일과 명절 연휴를 제외하고 하루도 빠짐없이 돌아다닌다고 한다. H소장님이 계시는 인근 지역은 울산, 양산, 기장 등의 토지와 공장, 상가 등을 할 수 있는 곳이어서 매일 출근하듯이 지역을 정해 다니고 있다. 그리고 매일 임장을 통해 하루에 1개의 물건은 반드시 접수를 한다. 그리고 자신의 블로그에 물건을 올린다. 그러면 부동산에 관심 있는 손님들은 전화를 걸어오면 물건을 보여주고 계약을 했던 것이다.

H소장님이 특별히 다른 중개의 기술을 써서 손님을 오게 한 것이 아니다. 매일 자신만의 스케줄대로 현장을 누비면서 많은 물건을 확보한 것이다. 말은 쉬우나 임장을 하루도 빠짐없이 실천하기란 어려운 일이다. 누구나 눈이 오나 비가 오는 날이면 사람은 쉬고 싶어진다. 술을 많이 먹고 다음 날 아침 일어나기도 싫고 꼼짝도 하기 싫다. 그렇게 '하루 이틀 정도 빠져도 상관없겠지.'라고 생각하면서 계획대로 움직이지 않게 된다. 그러면 사람은 편하고 쉬운 것에 빠르게 적응하는 동물이기 때문에 작심삼일이 되고 용두사미가 되는 것이다.

손님이 내 사무실에 오기만을 기도하는 것은 부동산 중개가 아니다

여러분도 처음 공인중개사 자격증을 받았을 때를 생각해봐라! 합격만 하면 뭐든지 열심히 하고 다할 것 같이 생각한다. 그리고 부동산 사무실을 오픈하면 열심히 공부하고 손님을 위해서 최선을 다할 것 같지만 금방 자신의 자리로 돌아오게 된다. 사람은 망각의 동물이기 때문이다.

내가 아는 주변의 개업공인중개사들은 처음 창업 때의 초심을 잃고 시간에 순응하며 오늘도 손님이 오기를 기도하면서 지내고 있다. 부동산 관련법은 매년이 아니라 수시로 바뀌고 있기 때문에 항상 부동산 관련 공부를 해야 한다. 누가 언제 물어볼지를 모르기 때문이다. 심지어 신문도 보지 않는 소장님도 부지기수다. 요즘 같이 거래 절벽인 상황에서는 더욱 생활이 불규칙적이다. 아예 출근도 하지 않는 소장님도 많고 심지어 사무실에서 주식을 하는 소장님도 많다. 부동산 중개업이 아닌 다른 일을 하는 순간부터 문을 닫아야 하는 시간이 가까워지고 있다고 생각하면 된다.

부동산 중개업은 중개업을 오래 한 소장님만 계약을 할 수 있는 것이 아니다. 또한 중개 기술이 뛰어난 소장님만 계약을 할 수 있는 것도 아니다. 누구나 계약을 할 수 있다. 누구나 돈을 벌 수 있다. 그것은 부동산은 현장에 답이 있기 때문이다. 부동산은 동산이 아니기 때문에 움직일 수가 없다. 움직이는 동산이면 공인중개사 사무실이 필요 없다. 누구나 컴퓨터가 있는 모든 곳에서 중개를 할 수 있다. 그러나 움직이지 않는 부동산이기 때문에 임장을 가야 하고 현장을 살펴봐야 한다. 그래야 물건이 좋은지 나쁜지를 판단할 수 있는 것이다.

여러분이 공인중개사라면 당신의 출근은 사무실에서 하지만 퇴근은 현장에서 해야 한다.

06.

내게 딱 맞는
전공과 부전공을 정해라

여러분의 부동산 중개의 전공과 부전공은 무엇입니까?

 대학을 나오신 분이라면 학교 다닐 때 전공과 부전공을 공부했을 것이다. 전공은 자신이 전문적으로 연구하는 분야를 말한다. 가장 잘하는 분야가 될 수 있고 남들과 차별화를 둘 수 있는 분야를 말한다. 부전공은 전문적으로 연구하는 분야 외에 부수적으로 연구하는 분야를 말한다.

 부동산 중개 분야에는 여러 가지가 있다. 주택, 아파트, 빌라, 맨션, 상가, 토지, 분양권, 공장 등 깊이 들어가면 셀 수도 없이 많은 분야가 있다.

이 중에서 남들이 잘 하지 않는 전공 분야가 있어야 한다. 우리가 보통 가장 흔하게 접하는 주택, 아파트, 빌라 등은 전공이 될 수 없다. 필수과목이기 때문이다. 앞의 것은 누구나 할 수 있다. 초보자도 할 수 있고 베테랑 공인중개사도 할 수 있다. 전공과 부전공은 누구나 중개할 수 없는 분야, 즉 내가 전문적으로 잘할 수 있는 종목을 정해서 중개 노하우를 배워나가야 한다.

나의 전공은 처음에 상가 중개였다. 남자 공인중개사들은 보통 처음에 상가를 많이 한다. 그러나 오래 가지 못한다. 워낙 경쟁이 치열하고 관련 중개법이 어렵기 때문이다. 그리고 상가 중개는 자주 일어나지 않기 때문에 참고 기다려야 한다. 가진 돈의 여유가 없으면 상가 중개를 오래 하기가 여간 쉽지 않다. 그리고 상가 중개는 상가 중개법을 숙지하고 경험을 가지고 있어야 한다.

한 예로 초등학교 앞에는 아무 업종이나 넣을 수 없다. 학생들을 보호해야 하기 때문이다. 이것을 절대보호구역, 상대보호구역으로 나눠서 업종을 분별하여 중개해야 한다. 절대보호구역은 초·중·고 교육시설의 출입문으로부터 직선거리 50미터 이내에 교육상 위생, 유해업종의 인·허가 등에 대하여 제한과 규제를 할 수 있게 지정된 구역을 말한다. 또한 상대보호구역은 초·중·고 교육시설의 담장으로부터 직선거리 200M 이내에 교육상 위생, 유해업종의 인·허가 등에 대하여 제한과 규제를 할 수 있게 지정된 구역을 말한다.

이것을 구별할 때 직선거리 50M, 200M만 손님에게 강조를 하면 중개 사고가 날 수 있다. 왜냐하면 절대보호구역과 상대보호구역은 거리도 중요하지만 어디서부터 거리인지가 더 중요하다. 절대정화구역은 출입문으로부터 직선거리 50미터다. 정문이든 후문이든 출입문이 기준이 된다. 그러나 상대정화구역은 학교 담장으로부터 직선거리 200미터다. 담장은 아주 넓게 형성되어 있어서 담장으로부터 시작하면 엄청 넓은 거리가 형성되기 때문에 업종 제한에 특히 조심해야 한다.

그리고 나의 부전공은 아파트 분양권 중개다. 아파트 분양권은 아파트에 입주할 수 있는 권리를 사고파는 중개다. 분양권은 현장에 직접 나가서 모델하우스도 둘러봐야 하고 아파트가 들어오는 현장도 가서 직접 확인을 해야 한다. 주로 여자 공인중개사와 떳다방 중개보조원들의 전유물로 여긴다. 나는 처음 분양권을 배울 때 공인중개사인 여자 후배에게 배웠다. 사무실 창업을 하기 전에 따라다니면서 분양권을 배울 수 있었다. 그러나 분양권은 물건이 있다고 해서 거래가 될 수 있는 중개가 아니었다. 현장에 있는 떳다방 사람들과도 친분이 있어야 거래를 할 수 있다. 친분이 없으면 물건에 대한 신뢰를 할 수 없기 때문이다. 그래서 분양권 거래는 아는 사람들끼리 거래를 한다. 그들만의 세계에서만 분양권이 통용되기 때문에 문턱이 높은 중개 분야다. 시간과 노력이 절대적으로 필요한 것이다. 그래서 나는 시간이 될 때마다 그분들과 관계를 맺기 위해 돌아다녔고 밥도 같이 먹고 하면서 친분을 쌓을 수 있었다. 그리고 어느 정도 시간이 지나자 그분들과 거래를 할 수 있었다.

그러나 분양권은 부동산 경기에 영향을 많이 받기 때문에 부동산 경기가 좋을 때는 분양권 투자가 재미있다. 그러나 부동산 경기가 좋지 않고 부동산 투자 심리가 나빠지면 분양권 거래도 멈추게 된다. 그리고 손님들에게 분양권에 대한 정확한 정보와 청약통장 사용 방법에 관한 설명이 요구된다. 청약통장 사용 방법도 지역마다 세대마다 차이가 있기 때문에 많은 공부가 필요하다. 그리고 투기지역, 투기과열지구, 조정대상지역과 같은 제한구역은 청약제도가 달라지기 때문에 유의해야 한다.

아파트와 빌라 등의 주택은 전공과 부전공이 될 수 없다. 필수과목이다

중개업을 창업하기 위해서는 반드시 전공과 부전공을 선택해야 한다. 그렇다고 '나는 아파트가 전공이고 빌라가 부전공이다.'라고 하면 안 된다. 아파트와 빌라 등 주택은 기본 중에 기본이기 때문이다. 누구나 다 해야 한다는 것이다. 그리고 누구나 다 할 수 있기 때문에 특별히 차별화를 하기가 어렵다.

요즘 병원이나 한의원을 보면 예전과는 다른 이름을 사용하는 경우가 많다. 예를 들어 '여드름 피부과', '위장 튼튼 한의원', '코코 한의원'처럼 어느 특정 분야를 전문으로 내세우는 병원과 한의원이 늘고 있다. 물론 다른 부위도 진찰을 하지만 전문 분야를 내세워서 그쪽으로 더 치중하겠다는 것이다. 선택과 집중을 통해 경쟁이 치열한 사회에서 살아남겠다고 하는 마케팅 전략이라고 할 수 있다.

내가 아는 소장님 중에 공장만 전문으로 하는 J소장님이 있다. 이분은 중개사무소도 공장 지대가 있는 곳이다. 처음부터 다른 사람이 하지 않는 분야인 공장에 관심이 많았다고 한다. J소장님은 "공장 중개는 어려운 파트가 아니다. 조금만 공부하고 실전을 경험하면 누구나 공장 중개를 할 수 있다"고 힘주어 말한다. "여자 소장님도 충분히 할 수 있다."라고 덧붙인다. 그러나 일반적으로 공장 중개는 거래가 발생하기 어렵다. 지역 특성상 공장 근처에 부동산 사무실이 있어야만 공장 손님이 찾아오기 때문이다. 그리고 공장 물건이 있어야 매매든 임대든 거래를 할 수 있다. 이 세상에 공장 중개를 해본 개업공인중개사가 몇 명이나 될까? 저자인 나도 아직 공장 중개를 하지 못했다.

그러나 J소장님은 나에게 물었다. "제 소장! 공장 주인은 어디에 많이 살까요?" 나는 대답했다. "아마도 아파트에 많이 살 것 같습니다." 그러자 J소장님은 "맞습니다. 공장 주인이라고 공장에 사는 것이 아닌 아파트에 살지요!" 그럼 공장 물건을 아파트 앞에 있는 부동산에서 물건을 접수받기가 더 좋다는 것이다. 그런데 대부분의 사람들은 공장 중개는 처음부터 포기하고 들어가기 때문에 중개가 어렵다고 생각하는 것이다. 물론 물건이 있다고 거래가 되는 것은 아니다. 공장을 찾는 매수인과 임차인을 찾아야 하는 문제가 있다. 그것은 공장 중개하는 부동산 소장님과 공동중개를 하면 되는 문제이기 때문에 너무 걱정할 필요가 없다.

요즘 부동산 중개업은 특정 종목에 따라 세분화되어 가고 있다. J소장님처럼 공장 중개를 전문으로 하는 중개사도 있고 모텔만 전문으로 하는 공인중개사도 있다. 그리고 내가 아는 공인중개사는 통 원룸만 전문으로 중개를 한다. 다른 것은 중개를 하지 않고 특정 분야만 집중적으로 중개를 하는 것이다. 이것은 선택과 집중의 문제일 수 있다. 다른 중개를 병행하면서 에너지를 분산시키는 것이 아니라 특정 분야만 집중해서 노력을 하면 계약률도 높아지기 때문이다. 그리고 주택 전·월세와 같은 수수료가 적은 부분을 포기하고 수수료가 큰 분야를 하게 되면 수입도 클 수가 있기 때문이다. 특수 분야의 경험과 노하우가 쌓이게 되면 어느 누구나 접근하지 못하는 벽을 쌓기 때문에 경쟁력이 커지게 된다.

지금 중개업 시장은 포화 상태다. 한 집 건너 부동산 사무실이 있을 만큼 너무나 많다. 여기서 살아남기 위해서는 여러분만의 특정 분야를 중개해야 한다. 아파트, 주택과 같은 누구나 다 할 수 있는 기본적인 중개가 아닌 여러분만의 노하우가 있는 전공과 부전공을 찾아야 한다. 이것은 시간이 많이 걸릴 수도 있다. 쉽게 배울 수 없는 분야이기 때문이다.

돈 잘 버는 개업공인중개사는 전공과 부전공을 가지고 있다.

07.

중개업 창업은
입지가 생명이다

부동산 사무실의 입지가 성공 창업의 승패를 결정한다

부동산은 첫째도 입지, 둘째도 입지, 셋째도 입지라고 한다. 일단은 위치가 좋아야 부동산의 가치도 올라간다는 얘기다. 부동산 중개업도 마찬가지다. 손님은 여러분이 초보 공인중개사인지, 베테랑 공인중개사인지 간판만 보면 모른다. 여러분 사무실의 위치가 좋기 때문에 방문하는 것이다.

초보 공인중개사들이 창업을 할 때 가장 실수를 많이 하는 게 부동산 사무실 입지 선정이다. 대부분 처음 창업하는 공인중개사들은 입지의 중요성을 간과한 채 부담이 적은 장소를 선택하는 것이다. 처음에는 경험을 쌓는다는 의미로 보증금과 월 임대료가 저렴한 장소를 선택한다. 그래야 혹시 계약이 안 되어도 큰 부담이 없기 때문이다. 나는 이 점이 가장 큰 실수라고 생각한다. 초보 공인중개사는 사무실의 위치를 무조건 좋은 장소에 들어가야 한다고 생각한다. 아니면 차라리 좀 더 경험을 쌓고 창업을 늦게 하는 것이 좋을 수도 있다.

왜냐하면 처음 창업을 해서 성공하지 못하면 더 이상 창업을 하지 못할 수도 있기 때문이다. 중개업을 처음 시작할 때 대부분의 공인중개사분들은 최선을 다한다. 사무실 청소도 열심히 하고 공부도 열심히 하고 손님에게도 최선을 다하게 된다. 이런 모습이 계속 꾸준히 지속되어야 한다. 그러나 손님이 없으면 점점 더 게을러지고 의욕도 상실하게 된다. 왜냐하면 손님이 와야 공부한 것을 써먹고 손님이 와야 일을 할 건데 완전 실업자와 다른 게 없기 때문이다.

앞의 상황이 지속되게 되면 공인중개사는 의욕이 떨어지면서 결국은 사무실을 정리하게 된다. 나는 이런 상황을 수없이 많이 봤다. 처음 잘못된 선택으로 인해 어렵게 합격한 공인중개사의 꿈을 펼치기도 전에 끝이 나는 것이다. 비용을 아끼기 위해 부동산 사무실 장소를 잘못 선택한 것 뿐인데 엄청난 결과를 가져오게 된다.

나와 공인중개사 시험을 같이 공부한 D소장님이 계신다. 그분은 원래 프랜차이즈 사업을 하셔서 젊었을 때는 꽤나 잘나가셨던 분이었다. 그러나 주변에 경쟁 업체들이 들어오면서 영업에 어려움을 겪었다. 결국 다른 사람에게 프랜차이즈를 팔고 공인중개사 시험을 치기 위해 학원에서 만난 것이다. 그때부터 같이 지내면서 많이 친해졌고 자격증 취득 후 D소장님이 부동산 사무실을 오픈할 테니 같이 일하자고 제안을 했다. 그래서 같이 부동산 사무실 장소를 알아보러 다녔다. 그런데 나는 입지의 중요성을 강조하며 좋은 입지에 하자고 했다.

그러나 D소장은 "처음부터 너무 무리하게 하면 부담이 되기 때문에 장소는 조금 좋지 않아도 극복할 수 있다."라고 했다. 결국 D소장님의 말대로 2층 사무실을 선택했다. 문제는 2층인 것도 그렇지만 입구가 안쪽에 있어서 손님이 입구를 찾기가 어려운 곳이었다. 창업 후 우리는 열심히 노력했기 때문에 계약을 많이 했었다. 그러나 주변에 부동산 사무실이 삼삼오오 들어오면서 경쟁이 과열되었다. 그리고 결국은 경쟁에서 이겨내지 못하고 오픈한 지 약 1년 만에 폐업을 하게 되었다. 그리고 나는 내가 사는 아파트 근처로 사무실을 오픈해서 독립을 하고 D소장님은 부동산 중개업을 하지 않고 동생 사업을 도와준다고 다른 지역으로 떠나셨다.

결국 부동산 사무실의 승패는 입지에 달려 있다. 일단은 좋은 곳에 창업을 하고 봐야 한다. 그다음에 중개 서비스도 좋아야 하고 공부도 열심히 해야 한다. 제일 중요한 생명과도 같은 중개업 입지를 잘못 선택하면 결국은 부동산 사무실을 닫아야 한다.

초보 공인중개사일수록 비싼 곳에 중개업 창업해라!

부동산 중개업으로 성공하기 위해서는 첫째도 입지, 둘째도 입지, 셋째도 입지를 잘 선택해야 한다. 부동산 중개업도 손님이 많이 찾아오는 장소에 입지를 해야 많은 물건을 접수할 수 있다. 그리고 부동산을 보러 오는 손님이 많아야 계약을 많이 할 수 있기 때문이다. 대부분의 공인중개사는 부동산 물건에 대한 입지의 중요성은 강조하면서 본인 사무실 입지는 중요하게 생각하지 않는 소장들이 많다. 부동산 입지가 좋아야 거래도 많이 발생하고 돈도 많이 벌게 된다. 부동산 사무실은 한번 정하고 나면 바꾸기가 어렵다. 금방 팔고 나가기가 어렵기 때문이다.

부동산 사무실의 입지가 좋으면 사무실 보증금과 월 차임 및 권리금이 비싸다. 처음에는 부담이 될 수 있다. 그러나 비싼 만큼 손님이 많이 온다. 거래가 많이 발생하면서 비싼 임대료를 감당할 수 있게 해준다. 그리고 공인중개사의 마음가짐도 달라진다. 입지가 좋은 곳은 열심히 안 하면 높은 임대료 때문에 걱정이 된다. 자연스럽게 열심히 발로 뛰고 계약을 위해서 최선을 다할 수밖에 없다. 그러나 입지가 나쁜 곳은 임대료 부담이 적기 때문에 이 정도쯤이야 충분히 감당할 수 있다고 생각한다. 이런 생각의 차이가 나중에는 엄청난 결과로 나타난다. 그것은 한쪽은 성공한 공인중개사가 되고 다른 쪽은 폐업하는 공인중개사가 된다.

여러분은 어떤 공인중개사가 되길 원하는가?

세상에는 나보다 똑똑한 사람이 많다. 뛰는 놈 위에 나는 놈이 있게 마련이다. 부동산 중개업에서 가장 중요한 것은 살아남는 것이다. 주변에 수많은 부동산 사무실을 보면 세월의 흔적을 알 수 있다. 가끔 가다가 보면 간판이 너무 오래되어서 떨어지기 직전인 부동산 사무실을 가끔 본다. '세월이 흐른 동안 얼마나 많은 계약이 오고 갔을까?'란 생각을 하니 존경심마저 생기게 된다. 아무튼 오래된 중개사무실은 살아남았기 때문에 현재에도 남아 있는 것이다. 그리고 수익이 발생하기 때문에 사무실을 유지하는 것이다. 간판이 오래되었다고 무시해서는 결코 안 된다.

나는 처음 중개업을 시작했을 때 앞에서 말한 D소장님과 같이 1년을 일했다. 그 후 바로 아파트 대단지 앞의 4차선 대로변에 사무실을 오픈했다. 처음 오픈할 때는 백 가지의 걱정이 들었다. '내가 잘할 수 있을까?', '한 달에 거래가 한 건도 없으면 어떻게 할까?', '계약서는 제대로 쓸 수 있을까?' 등 시작도 하기 전에 악몽을 꿀 정도로 걱정이 많았다. 그런데 걱정은 기우에 불과했다. 부동산 사무실을 오픈하고 얼마 뒤에 내 사무실 바로 밑에 24시 대형 슈퍼마켓이 생기면서 유동인구가 많아졌다. 그리고 지하철역을 가기 위해서는 내 사무실 쪽으로 걸어가야 되기 때문에 항상 사람들이 많이 다녔다. 특히 나의 사무실 쪽의 아파트는 큰 평수가 많은 곳이라 큰 평수 매물이 많이 나왔다. 아파트 큰 평수는 매매가가 높기 때문에 수수료도 많이 발생한다. 개업하고 일주일 만에 계약서를 썼다. 나는 중개업을 하면서 그때의 기억을 잊지 못한다. 행복하고 떨리고 걱정되는 미묘한 감정이 섞여 있는 그때의 추억을 말이다.

공인중개사가 자격증만 있으면 먹고살 수 있는 시대는 지나갔다. 자격증 따서 아무 곳이나 창업을 해서는 치열한 경쟁 사회에서 살아남을 수가 없다. 부동산 중개업도 포화 상태나 마찬가지이기 때문에 손님의 눈에 잘 띄는 입지와 전문화된 경쟁력을 갖추지 못하면 성공하기 어렵다.

개업공인중개사로 성공하는 방법은 없을까?

이에 대한 해답을 찾기 위해 지금도 수많은 초보 공인중개사들은 손님이 없는 사무실에서 언제 올지 모르는 손님을 마냥 기다리고 있다. 그러나 공인중개사는 언제 어디서나 손님에게 브리핑할 준비가 되어 있어야 한다. 나만의 부동산 전문성을 확보하여 손님이 내게로 오게 해야 한다. 이렇듯 저렇듯 부동산은 사람이 찾아와야 먹고사는 직업이다.

부동산 중개업은 입지가 생명이다.

08.

손님이 직접 와서 접수하는 물건은 쓰레기다

상가 중개에서 손님이 직접 접수하는 물건은 나쁜 물건이다

부동산 중개를 하다 보면 가끔 이런 생각이 든다. 중개가 이루어지려면 중개물건이 중요할까? 아니면 사는 사람과 파는 사람이 중요할까? 이런 생각은 보통 계약이 잘 안 되었을 때 많이 생각하게 된다. 좋은 물건이라고 하면 가격이 싼 물건으로 생각할 수도 있다. 그런데 그게 전부는 아니다. 가격이 싸면서 좋은 물건을 우리는 보물이라고 한다. 세상에 보물은 없다. 왜냐하면 싸고 좋은 물건은 없기 때문이다. 비싸고 좋은 물건은 있어도 싸고 좋은 물건은 없다. 싸고 좋은 물건은 IMF와 같은 경제위기에서나 볼 수 있다.

공인중개사들은 소위 좋은 물건이 많이 있어야 거래를 할 수 있는 확률이 높아진다. 자기 손님을 매수인으로 맞출 수도 있고 다른 부동산과 공동 중개를 할 수도 있다. 그러나 내가 경험한 바에 따르면 아파트, 주택 등을 제외하고 상가 중개의 경우 손님이 직접 접수하러 오는 물건은 좋은 물건이 아닌 경우가 대부분이다. 왜냐하면 좋은 위치의 상가는 손님이 직접 부동산 사무실로 오지 않아도 되기 때문이다.

부동산 관련 종사자들이 하루에도 몇 번씩 찾아오거나 연락이 온다. 어쩔 땐 정말 귀찮을 정도로 찾아와서 연락을 안 받는 건물주들도 많다.

부산 지역에서 가장 핫한 상권이 서면 상권이다. 서면 상권은 서면 로터리를 기점으로 상권이 분리된다. 같은 서면 상권이라도 다 같은 상권이 아니다. 특히 쥬디스태화 백화점 주변 상권은 10대와 20대에게 특화된 상권이다. 역동적이며 상권의 변화가 심한 상권이라고 할 수 있다. 그래서 상가 업종도 젊은 친구들을 위한 뽑기방, 편의점, 맥도날드, 롯데리아와 같은 대형 프랜차이즈들이 즐비하다.

이와는 대조적으로 영광도서 상권은 50대~60대분들에게 특화된 상권이다. 대부분의 중·장년층 이상은 여기서 약속 장소를 정한다. 상가 업종도 전문 한식집을 비롯하여 횟집, 한우 전문점 등의 고급 음식점들이 즐비하다. 쉽게 얘기를 하면 몸에 좋은 것은 여기에 다 있다고 보면 된다. 상권의 변화가 거의 없고 안정적이다.

나는 중개업 초기에 서면 상권에서 약 1년간 중개업을 했다. 처음 중개업을 상가 전문으로 시작을 했던 것이다. 상가 중개는 계약이 자주 일어나지 않기 때문에 경쟁도 엄청 치열하다. 워낙 중개업소가 많기 때문이다. 언제 어디서 계약이 되고 거래가 되는지 쥐도 새도 모르게 이루어진다. "상가 중개는 애비, 애미도 모르게 하라."라는 말이 나오는 것도 다 이해가 된다. 만약 다른 사무실에서 상가 중개 계약이 있다고 소문이 나기 시작하면 중개업을 하고 있는 중개인들은 자기가 계약 못 한 것에 앙심을 품고 거래 당사자에게 훼방을 놓을 수가 있다. 나는 이런 일을 수없이 겪다 보니까 부동산 중개 시장의 애환을 누구보다도 잘 알고 있다. 누가 계약을 하면 누구는 아쉬움이 남게 된다. 물건에 대한 이해 당사자가 한두 명이 아니기 때문이다.

중개사무실에 앉아 있으면 상가를 구하려고 오는 사람과 상가 임대를 알아보려고 하는 사람으로 분주하다. 그러나 상가건물을 내놓는 사람은 거의 없다. 서면 중심가의 상가건물은 몇십억에서 몇백억까지 매매가가 높기 때문에 함부로 건물주가 부동산에 의뢰를 하지 않는다. 상가건물을 전문으로 하는 부동산에 전속으로 맡기는 경우가 대부분이다. 그리고 위치가 좋은 상가 임대차 물건은 주인이 부동산에 찾아오지 않아도 중개업 종사자들이 미리 알고 찾아오게 되어 있다. 이게 상가 중개 시장의 현주소다.

그럼 부동산 사무실까지 찾아와서 접수하는 물건은 대부분 중개업 종사자들이 찾지도 않는 안 좋은 물건이 대부분이라고 보면 된다. 공인중개사 입장에서 찾아오는 안정적인 손님을 확보하는 것도 중요하지만 소위 보물을 확보하기는 어렵다. 직접 작업을 통해 물건을 접수 받아야 한다. 상가 중개는 주로 평일 오후에 작업이 시작된다. 왜냐하면 주말에는 장사가 잘 되기 때문에 중개사들이 가게 주인을 만나기가 어렵다. 대부분의 상가 중개 종사자는 주 5일 근무가 대부분이다. 그리고 보통 일반 음식점의 경우 가게 문을 여는 시간이 오후 4시에서 5시가 많기 때문에 이때 집중적으로 물건을 접수받기 위해서 노력을 해야 한다. 조금만 늦어도 손님이 있으면 물건 접수의 기회는 사라지게 된다. 나머지 휴게음식점과 서비스업 관련 업종들도 평일 오전, 오후를 통해 접수를 받기 위해 최선을 다해야 한다.

공인중개사가 좋은 물건을 접수하는 6가지 노하우

공인중개사가 좋은 물건을 접수하는 6가지 방법에 대한 노하우를 말하 겠다.

첫째, 직접 방문하여 물건 접수를 받는다. 좋은 물건은 현장에 있기 때문에 누가 열심히 현장을 다니느냐에 따라 승패가 결정된다. 인터넷으로 상호를 검색하여 전화로 물건을 접수하는 방식으로는 한계가 있다.

둘째, 디엠(Direct Mail)을 통해 가게 주인에게 전달한다. 보통 디엠 작업은 임차 손님이 있을 때나 장사가 안 되는 상가를 집중 공략을 하면 효과를 볼 수 있다. 중개사는 물건이 항상 확보가 되어야지 거래를 성사시킬 수가 있기 때문이다.

셋째, 전단지를 붙여서 좋은 물건이 있다는 것을 홍보한다. 예전에 선배님들이 많이 했던 방법이다. 주로 전봇대나 유동인구가 많은 게시판에 붙이면 효과가 있다. 상가 창업을 원하는 손님이 전단지를 보고 전화를 걸어올 수 있기 때문에 열심히 돌아다녀야 한다.

넷째, 지인을 통해 물건을 소개받는다. 이 방법이 가장 효과적이며 확실한 방법이다. 지인을 통해 물건을 소개받으면 서로 의심을 하지 않고 믿고 거래하기 때문에 안정적이다. 그러나 단점은 서로 안면이 있기 때문에 금액적인 협상에 어려움을 겪을 수 있다. 권리금 작업을 하는데 어려움이 발생한다. 즉 권리금을 깎을 수 없는 경우가 많다.

다섯째, 신문광고를 통해 물건을 접수받는다. 이것은 주로 법인중개사무실에서 광고비를 활용하여 신문에 전면 광고를 한다. 그러면 이 광고를 보고 손님들이 자기 물건도 팔아 달라고 접수를 하게 된다. 보통의 경우는 비싼 신문광고보다는 인터넷 광고에 초점을 맞춘다. 네이버나 다음 등의 인터넷 부동산을 활용하여 꾸준히 광고를 올려야 한다. 광고비에 절대 돈을 아끼지 말아야 한다. 오늘은 연락이 오지 않더라도 내일은 손님이 찾아올 수 있기 때문이다.

여섯째, 어플 광고를 활용한다. 예전에는 네이버 부동산 광고가 절대적이었다. 그러나 스마트폰이 대중화되면서 각종 부동산 어플이 개발되었다. 아실, 디스코, 부동산 지인, 다방, 직방 등의 부동산 어플이 공인중개사에게 물건을 올릴 수 있게 광고를 허락한다. 물론 유료다. 아파트 단지별 두 군데만 광고를 할 수 있기 때문에 공인중개사가 활용을 하면 영업에 도움이 될 수 있다.

공인중개사는 좋은 물건이 많아야 부동산 거래를 할 수 있는 확률이 높다. 좋은 물건은 절대 손님이 직접 사무실에 와서 접수를 하지 않는다. 현장에 숨어 있다. 중개사는 현장에 자주 돌아다니고 물건 작업을 계속 진행해야 한다. 계속 돌아다니다 보면 운 좋게 가게 주인도 만나게 되고 건물 주인도 만나게 되는 것이다. 공인중개사는 현장에 발을 담그고 있어야 한다.

★ 공인중개사가 좋은 물건을 접수하는 6가지 방법

---

1. 직접 방문한다.
2. 디엠을 보낸다.
3. 전단지를 붙인다.
4. 지인을 활용한다.
5. 신문광고를 한다.
6. 부동산 어플 광고를 활용한다.

09.

공인중개사의
부동산 중개 협상의 기술

공인중개사가 돈을 많이 벌기 위해서는 계약을 많이 해야 한다. 부동산 계약은 매도자와 매수자가 매매 금액과 잔금 날짜, 중도금 금액 등을 합의 했을 때 계약을 진행하게 된다. 계약을 잘하는 공인중개사는 어떤 공인중 개사일까? 나는 협상을 잘하는 공인중개사라고 생각한다. 매도자가 원하 는 가격은 매수자가 원하는 가격과 다르다. 매도자는 조금이라도 많이 받 고 싶고 매수자는 조금이라도 싸게 사고 싶은 것이 세상의 이치다.

1. 공인중개사의 부동산 중개 협상의 기술(매도 쪽 공인중개사 입장)
아파트 매매를 예로 들어보자! 매도 쪽 공인중개사는 일단 매수자가 원하는 가격에 가격을 내려야 매매가 성사된다. 공인중개사는 매도인에게 가격을 내리게 설득을 해야 한다. 이때 매도자 기분을 나쁘게 하면 계약이 성사되지 않는다. 가격을 내려야 하는 이유에 대해 설명해야 한다.

예를 들면 '앞으로 금리 인상으로 부동산 경기가 좋지 않을 것 같으니 지금 가격을 조금 낮춰서 빨리 매도를 해야 한다'는 식으로 당위성을 설명해야 한다. 또는 경쟁 물건을 이용해서 가격을 낮춰야 한다. '손님이 선생님 물건과 다른 물건 중에서 선택하려고 하는데 선생님 물건이 마음에 들지만 가격이 조금 높아서 다른 물건을 할 것 같다.'라고 넌지시 말을 던지면 된다. 사람은 심리상으로 경쟁 물건이 있으면 이기려는 습성이 있다. 매매 가격을 낮출 수 있다.

그리고 물건의 하자나 방향 또는 구조에 대한 약점을 조심스럽게 얘기하면서 설득을 한다. 아파트의 경우 정남향을 선호하기 때문에 동향과 서향 집은 방향에 대해서 이야기를 하면서 가격을 낮춘다. 그리고 인테리어 상태가 오래되었다면 집은 마음에 드는데 수리 비용이 만만치 않기 때문에 수리 비용만큼 매매 금액을 깎아달라고 부탁을 한다. 매도인 입장에서 아무런 이유도 없이 깎아달라고 하는 것 보다 훨씬 설득력이 높기 때문에 계약이 성사될 확률이 높아진다.

매도인에게 첫 매매 가격 제시 때 조금 많이 깎아놓아야 계약에 한 발 더 다가갈 수 있다. 예를 들면 6억 5천에 나와 있는 아파트를 매수인이 보고 마음에 드는데 가격이 비싸다고 하면 매도인에게 공인중개사는 이렇게 물어본다.

A(공인중개사) : "선생님, 방금 보고 가신 손님이 선생님 집이 너무 마음에 드시는데 다른 물건에 비해 가격이 비싸다고 합니다. 가격조정을 해주실 의향이 있으십니까?"

B(매도인) : "매수인이 얼마 정도 조절하시기를 원하시나요?"

A(공인중개사) : "혹시 이런 말씀드리기 그렇지만 매수인은 0000만 원 정도 조절해 주시기를 원합니다."

이때 만약 매수인이 천만 원을 조절해주기를 원한다고 해도 공인중개사의 첫 번째 매매 가격 제시 금액은 2천만 원을 불러야 한다는 얘기다. 매도인에게 실례가 되지만 그래야 매도인이 천만 원만 조절해준다고 이야기가 나온다는 것이다. 이것은 현장에서 수많은 가격 협상을 해본 공인중개사는 이해가 될 것이다. 첫 매매 가격 제시 때 작게 깎아놓으면 계속 가격협상에서 끌려갈 수밖에 없다는 것을 명심하길 바란다.

2. 공인중개사의 부동산 중개 협상의 기술(매수 쪽 공인중개사 입장)

매수 쪽 공인중개사는 일단 매수인이 지금 바로 결정을 할 수 있도록 유도해야 한다. 아파트도 쇼핑이다. 견물생심이라고 물건을 보고 마음이 흔들릴 때가 매수할 수 있는 좋은 기회가 된다. 계약은 내일이 없다. '오늘 계약을 하지 않고 내일 생각해보고 결정하겠다.'라고 하면 계약을 하지 않겠다고 말하는 것과 같다.

매수 쪽 공인중개사는 매수인이 이 물건을 선택해야 하는 이유를 잘 설명해야 한다. 경쟁 물건의 가격과 방향 그리고 집 상태를 비교하여 분석해야 한다. "선생님 이 물건은 다른 물건과 비교해서 집 상태도 좋고 인테리어도 잘되어 있는데 매매 가격 은 더 저렴합니다. 이것을 선택하시는 것이 좋습니다."라고 설명해야 한다.

매수 쪽 공인중개사는 매수인에게 시간적 여유를 많이 주면 안 된다. "선생님, 오늘 보신 00동 00호 아파트는 오늘 저녁에 어제 보신 손님이 한 번 더 보시기로 했습니다. 저는 누구라도 먼저 하시는 분이 임자라고 생각합니다." 항상 물건을 빨리 선택하지 않으면 다른 경쟁자가 있다는 것을 어필하면서 매수자의 선택을 촉구한다.

초보 공인중개사가 실수하는 것 중에서 매수 손님이 왔을 때 물건을 너무 많이 보여주는 경우가 있다. 아파트의 경우 매수 손님에게 가지고 있는 물건을 다 보여주면 손님 입장에서 급할 게 없기 때문에 선택을 하지 않는다. 물건이 몇 개 없고 부족해야 선택을 빨리 한다.

공인중개사는 손님에게 아파트를 보여주는 시간도 중요하다. 겨울에는 따뜻한 느낌이 중요하기 때문에 남동향은 오전에, 남서향은 오후에 안내를 하는 것이 좋다. 반대로 여름에는 시원한 느낌이 중요하기 때문에 남동향은 오후에, 남서향은 오전에 안내를 하는 것이 계약률을 높일 수 있는 작은 차이가 될 수 있다.

공인중개사의 부동산 중개 협상의 기술(매도 쪽 공인중개사 입장)

1. 매도인의 경우(가격을 깎아야 할 때)

– 가격을 깎아야 하는 당위성을 설명하라.

– 하자나 방향, 구조에 대한 단점을 설명하라.

– 매도인에게 첫 매매 가격 제시 때 조금 많이 깎아야 계약하기 쉽다.

공인중개사의 부동산 중개 협상의 기술(매수 쪽 공인중개사 입장)

2. 매수인의 경우(결정을 빨리 해야 할 때)

– 계약은 내일이 없다. 오늘 바로 결정하게 한다.

– 경쟁 물건과 차별화(가격, 방향, 일조량, 집 상태 등)

– 경쟁자가 있다고 해라(어제 보고 간 손님 있다).

– 너무 많은 물건을 보여주지 마라.

– 손님에게 보여주는 시간이 중요하다. (여름, 겨울, 아침, 오후)

4장

당신은
월 천만 원을 벌고
있습니까?

01.

오랜 방황 끝에
만나게 된 부동산 투자

아파트 분양권 실패를 통해 부동산에 입문하다

나는 부산에서 태어나 어려운 집안 환경에도 열심히 사시는 부모님 밑에서 자랐다. 그러나 열심히 산다고 부자가 되지 못한다는 것을 깨우쳐주신 부모님처럼 살고 싶지 않았다. 항상 절약을 해야 했고 추운 겨울철에도 기름을 아끼기 위해 보일러를 틀지 않고 두꺼운 옷을 입고 자야 했다. 그 당시 단독주택은 정말 외풍이 심해서 방바닥은 뜨거운데 공기는 차가워서 부모님은 항상 마스크를 쓰고 주무셨다. 나는 어릴 때 소원이 겨울에 속옷을 입고 잠을 잘 수 있는 아파트에 사는 게 꿈이었다.

나는 대학을 졸업하고 만 3년 동안 필리핀 마닐라에서 일을 하면서 돈을 모았다. 지금의 아내와 결혼을 하기 전에 우리는 이국 만리 필리핀에서 열심히 돈을 벌었다. 벌은 돈으로 국내에 들어와서 살 아파트 분양권을 투자했는데 미국의 서브프라임으로 국내 부동산 경기가 어려워지면서 잔금을 치를 수 없는 상황이 되었다. 결국 계약금 10%를 포기해야 하는 투자 실패를 맛보게 되었다.

그 당시 내 인생은 왜 이렇게 안 풀리는지 정말 절망적이었고 술도 많이 먹었던 기억이 난다. 나의 인생에 있어 처음 부동산 투자와의 인연은 실패로 끝나고 말았다. 나중에 알게 된 사실이지만 내가 산 분양권은 다시 팔수도 없는 물건이었다. 38층 중 10층이었고 그리고 거실이 북향이라 햇볕도 들지 않는 사람들이 제일 선호하지 않는 아파트를 계약한 것이었다. 사실 내가 부동산을 공부한 계기가 바로 아파트 분양권 투자 실패였다.

오랜 방황의 끝에는 소액 부동산 투자가 정답이었다

그래서 부동산 경매를 시작으로 틈틈이 부동산 관련 책을 읽으며 공부를 하기 시작했다. 그리고 본격적으로 부동산 관련 자격증인 공인중개사와 주택관리사를 2년에 걸쳐 공부를 하게 되었다. 그때 내 인생 최고의 고비가 찾아왔다.

그 당시 외국에서 번 돈을 아파트 분양권 투자 실패로 인해 손해를 보게 되었고 한국에 귀국하면서 직장도 없었고 미래가 불투명했다. 그런 상황에서 준비한 공인중개사와 주택관리사 시험은 저의 일생일대의 중요한 시험이었다. 다행히 운 좋게 커트라인에 합격을 하는 행운을 얻었다. 그리고 동의대 부동산 대학원에 입학하게 되었고 석사, 박사 공부를 하면서 전문가로 성장할 수 있었다. 그리고 종잣돈을 열심히 모아 부동산 소액 투자를 통해 월세 수익과 시세 차익도 남기게 되는 투자를 하면서 두 마리 토끼를 잡게 되었다. 지금도 계속 부동산 투자를 하고 있지만 그 당시의 부동산 투자는 처절했고 정말 간절했다.

종잣돈이 많이 없는 나에게는 소액 투자가 정답이었다. 초기 비용이 적게 드는 물건만 골라서 경매든 매매를 통해서 대출을 활용해 투자를 했다. 내가 지금도 가장 좋아하는 투자는 20평 전후의 매매가 1억 전후 방 3개 있는 소형 아파트와 맨션, 빌라 등을 선호했다. 방이 3개 있는 소형 주택은 가장 수요층이 많았다. 20평 전후의 소형 아파트는 혼자 살아도 된다. 신혼 부부가 살아도 되고, 애기가 있는 젊은 부부도 살 수 있고, 심지어 식구가 4명인 사람도 거주할 수 있기 때문에 임대가 잘되고 매매가 잘되었다.

그리고 나는 집을 사면 반드시 수리를 했다. 도배·장판은 기본이고 싱크대는 무조건 바꿨다. 그리고 베란다는 도색을 내가 직접 했으며 화장실은 너무 오래되었으면 수리를 했다. 요즘 부동산에 집을 보러오는 사람의 90%는 여자가 보러 온다. 여자분들은 집을 보러 오면 제일 먼저 싱크대부터 본다.

자기가 제일 많이 사용을 해야 되기 때문에 깨끗하고 예쁜 싱크대를 선호한다. 수리한 집은 공인중개사분들이 제일 먼저 손님 안내를 하게 된다. 왜냐하면 빨리 팔리거나 임대되기 때문에 서두르지 않으면 안 된다. 부동산을 투자해본 사람은 누구나 공감할 것이다. 투자하고 제일 속상한 것이 은행 이자는 매달 나가는데 공실로 오랫동안 남아 있는 거다. 내가 들어가 살 수도 없고 관리비도 매달 나가야 되니 속이 타들어간다.

나는 부동산 투자 후 수리할 때 내가 할 수 있는 일은 직접 했다. 비용을 줄이기 위해서다. 특히 베란다 도색은 이제 수준급이다. 보통 흰색으로 색칠 공부하듯이 칠하면 되는데 천장을 칠할 때가 제일 힘들다. 페인트가 온몸에 튀기 때문이다. 그런데 비용을 아끼는 장점도 있었지만 애들하고 놀 수 있는 시간은 줄어들 수밖에 없었다. 나는 주말이면 가족들과 드라이브를 가더라도 경매물건을 검색하고 입찰할 물건을 임장 가는 데 주말을 활용했다. 당연히 두 딸들은 불평불만이 많았다.

큰딸이 7살 때인가 크리스마스 이브였던 것으로 기억난다. 공휴일이 겹쳐서 3일간 쉬는 날이었는데 3일 동안 내내 와이프랑 같이 아파트 청소하고 베란다 도색하면서 지낸 기억이 난다. 우리가 일을 하고 있으면 애들은 둘이서 자기끼리 놀다가 일이 길어지면 투정을 부리곤 했다. 그때 큰딸이 한 말에 아직도 가슴이 미어진다. "아빠, 우리는 왜 크리스마스에 내 친구들은 다 놀러 가고 맛있는 거 먹으러 가는데 우리는 이게 뭐야! 재미없어, 아빠 미워~."라고 하는데 갑자기 눈물이 핑 돌았다.

지금 책을 쓰고 있는 지금도 그때를 생각하면 눈물이 핑 돌고 가슴이 미어져온다. 그때 그토록 절박했던 아빠의 마음을 알아주기를 바라는 것은 아니다. 그러나 자식들이 나보다 더 편안하고 행복하게 사는 게 나의 행복이고 보람이 아닌가 생각한다. 내가 세상에서 가장 잘한 것이 3가지가 있다. 첫째는 와이프를 만난 것이고 둘째는 담배를 배우지 않은 것이다. 세 번째가 부동산 투자를 30대 초반에 알게 된 것이다. 부동산 투자는 시간과의 싸움이다. 하루라도 빨리 부동산 투자의 길을 걸어야 한다. 지금도 늦지 않았다.

02.

공인중개사는
제1선의 투자자다

공인중개사도 투잡 하는 시대가 왔다

우리나라의 공인중개사를 둘로 나눠보라고 하면 투자하는 공인중개사와 수수료 받는 공인중개사로 나눌 수 있다. 대부분의 공인중개사는 수수료를 받기 위해 오늘도 최선을 다한다. 나는 공인중개사는 투자도 해야 되고 중개도 잘해서 수수료도 많이 받아야 한다고 생각한다. 두 마리 토끼를 잡아야 성공하는 공인중개사가 될 수 있기 때문이다.

그러나 최근 통계에 따르면 우리나라 개업공인중개사의 절반 이상은 한 달에 중개수수료가 200만 원이 안 된다고 한다. 중개수수료 하나만 가지고 사무실 운영도 어렵고 가족의 생계도 책임질 수 없는 현실이다. 사법고시 다음으로 어렵다고 하는 공인중개사 시험을 합격하고 떼돈을 벌 줄 알고 부동산 중개업을 시작했지만 현실은 녹록하지가 않다.

몇 년 전부터는 변호사와 대기업도 중개업에 진출했다. 그리고 최근 부동산규제정책으로 부동산 거래마저 뚝 끊기면서 폐업하는 부동산이 속출하고 있다. 앞으로 더 많은 개업공인중개사들이 다른 일을 찾아야 하는 기로에 서게 되었다.

이제 개업공인중개사도 변화를 도모해야 한다. 더 이상 중개 수익에만 의존하지 말고 새로운 수익 모델을 찾아 나서야 한다. 지금 서울·수도권에서는 개업공인중개사지만 중개업 말고도 주택임대관리, 인테리어, 이사, 청소 등 다양한 사업을 겸업하고 있다.

주택임대관리란? 원룸주택, 빌라, 오피스텔 등의 수익형 부동산을 집주인 대신 관리해주고 그 대가로 매월 관리 수수료를 받는 사업을 말한다.

지금 현재 수도권에서 행해지고 있는 임대관리사업을 소개하겠다. 스마트하우스 논현점은 주택임대관리로 현재 원룸주택 10동을 관리하고 있다. 주택임대관리를 하게 되면 원룸 1호당 3만 원 정도의 용역비를 받을 수 있다. 원룸주택 10동을 관리할 경우의 용역비는 매월 330만 원 정도가 된다.

또한 청소, 도배/장판, 이사, 시설 보수, 세탁 등의 부가 사업을 통해서도 월 900만 원 이상의 추가 수익을 올리고 있으며, 결과적으로 월평균 1,200만 원 이상의 고정 수입이 나온다고 한다.

이처럼 개업공인중개사는 중개업 외에도 주택임대관리, 청소, 인테리어, 이사, 청소 등의 다양한 사업을 겸업할 수 있고, 이를 통해 월 천만 원 이상의 높은 고정 수입을 만드는 것이 가능하다. 이제 개업공인중개사도 중개업만 해서는 경쟁력이 없다. 특히 수익형 부동산을 관리하는 주택임대관리업은 필수로 해야 하는 시대다.

나는 변화하는 부동산 중개 시장에 대처하기 위해서는 중개 수익이 아닌 투자 수익도 생각을 해야 한다고 생각한다. 공인중개사는 손님에게 가장 먼저 물건을 받는 사람이다. 중개사들이 가격을 책정하는 부동산도 있다. 매도인이 잘 모르기 때문이다. 그리고 급하게 빨리 처분해야 되는 물건도 있다. 이런 돈 되는 물건을 손님에게만 안내하고 수수료만 받아서는 안 된다고 생각한다. 공인중개사가 직접 투자를 해야 한다. 왜냐하면 공인중개사는 제1선의 투자자이기 때문이다. 물론 계약은 다른 제3자를 통해 진행하면 되고 혼자가 아니면 여러 명이서 공동명의로 진행하면 된다. 보통 부동산 경기가 좋지 않아 거래가 안 되는 물건을 싸게 사서 전세를 2년 또는 4년 돌리면 된다. 그럼 시세 차익을 거둘 수 있다. 물론 부동산 중개법에 자기계약은 못 하게 되어 있다. 그러면 다른 공동투자자의 명의를 사용하면 된다.

공인중개사도 부동산 중개와 투자를 병행해야 성공할 수 있다

현재 공인중개사이자 부동산학 박사 선배님 중에 M박사님이 계신다. 이분은 소문에 의하면 부동산 재산이 100억 정도 된다고 한다. 공인중개사를 시작할 때부터 주로 토지와 공장 쪽으로 중개를 많이 했다고 한다. 그러나 그 당시 토지 중개는 수수료가 다른 일반주택에 비해서 높기 때문에 기분은 좋았다고 한다. 그런데 시간이 흘러 곰곰이 생각을 하니까 토지와 공장 주변이 개발되면서 땅값이 폭등을 했다고 한다.

그래서 부자가 되기 위해서는 토지 중개만 해서는 안 되고 좋은 토지가 나오면 토지 투자를 직접 해야 한다고 생각했다. M박사님은 그때부터 한 개, 두 개씩 투자했던 땅값이 올라가면서 토지 투자로 부자가 되었다고 한다. 물론 그때는 부동산 개발계획이 많았고 부동산 가격도 급격히 오르는 시기였기 때문에 가능한 이야기다. 그러나 지금도 이런 지역은 전국에 너무나 많다. 여러분이 못 찾을 뿐이다.

부동산 물건은 제일 먼저 공인중개사가 접수한다. 그러면 공인중개사는 물건을 확인 후 가치를 평가하게 된다. 이때 가치를 평가할 때 공인중개사마다 생각이 달라질 수 있다. 누구는 가치평가를 낮게 할 것이고 누구는 가치평가를 높게 할 것이다. 정확한 물건 분석 후 투자가치가 높은 물건이면 손님에게 브리핑하기 전에 내가 투자할 수 있는 물건인지 아닌지를 먼저 판단해야 한다.

만약 내가 투자할 수 있는 물건이라고 판단되면 바로 임장을 가야 한다. 시간이 급하다. 왜냐하면 이 물건을 나만 가지고 있는 것이 아니기 때문이다. 손님이 부동산에 물건을 내놓을 때 여러 군데를 돌아다니면서 물건 내놓는다. 다른 부동산에서 이 물건을 팔기 전에 움직여야 하기 때문이다.

임장을 갈 때는 현재 주변 시세도 파악하고 앞으로의 미래 가치도 아울러 분석해야 한다. 그리고 부동산 종류에 따라 차이는 있겠지만 매도 타이밍을 정해놓고 투자를 하면 좋다. 그래야 내가 그 타이밍에 매도를 잘할 수 있을지 분석을 할 수 있다. 그리고 내 명의가 아닌 다른 명의로 계약을 하고 소유권을 넘겨받으면 된다. 자금이 부족하면 공동 투자도 가능하기 때문에 자금을 효율적으로 사용할 수 있다.

나는 부동산 중개를 하면서 투자도 병행을 하고 있다. 중개업을 하기 전부터 투자를 하고 있으니까 투자를 먼저 했다. 대부분의 부동산은 시간이 지나니까 가격이 올랐다. 가격이 내린 것은 단 하나도 없다. 물론 중간중간에 부동산 경기가 좋지 않을 때는 가격이 떨어지고 거래가 안 되어서 고생한 적은 있었다. 그러나 긴 호흡을 가지고 넓게 바라보면 물가상승률 만큼은 오르게 되어 있다.

부동산 중개는 거래가 되지 않으면 수수료를 받을 수 없다. 그러나 부동산 투자는 내가 잠을 자고 있는 순간도 나를 위해 일을 하게 된다. 물론 아무거나 부동산을 투자하면 안 된다. 부동산을 볼 줄 아는 능력이 있어야 한다. 그것은 부동산 중개 기술하고는 다르다고 할 수 있다. 직접 부동산 시장의 흐름을 파악해야 한다. 그리고 매수 타이밍과 매도 타이밍을 알아야 한다.

부동산 중개업으로 성공하기 위해서는 중개수수료만을 고집하면 안 된다. 다양한 방법으로 수익을 창출해야 한다. 요즘 개업공인중개사들은 주택임대관리를 통해 부 수익을 창출하고 있다. 원룸주택, 빌라, 오피스텔 등의 수익형 부동산을 집주인 대신 관리해주고 그 대가로 매월 관리수수료를 받고 있다. 부동산 중개와 임대관리를 병행하고 있다.

그리고 공인중개사는 부동산 투자도 병행을 해야 한다. 부동산 경기를 가장 잘 아는 사람은 다름 아닌 공인중개사이다. 부동산 거래의 최전방에 있기 때문이다. 그리고 부동산 공부를 통해 매매 타이밍과 물건 보는 법을 배워야 한다. 지금은 공인중개사도 부동산 투자를 해야 살아남을 수 있다.

공인중개사는 제1선의 투자자다.

03.

지식은 돈이다
투자는 계획이다

부동산 정보는 돈이 될 수 있다. 단 다른 사람은 몰라야 한다

컴퓨터 등 정보통신의 발전으로 모든 분야에서 정보화가 이루어진 사회를 정보화 사회라고 부른다. 이런 정보를 많이, 빨리 지식으로 만들어 활용하는 사람이 부자가 되는 시대다. 부동산 분야도 마찬가지다. 부동산 지식은 돈이다. 부동산 지식이 많으면 돈을 많이 벌 수 있다. 남들은 알지 못하는 정보를 내가 혼자 가지고 있으면 돈을 벌 수 있다는 얘기다.

예를 들어 신도시가 발표되는 지역을 여러분이 미리 알고 있다면 여기에

미리 투자를 하면 된다. 낙후된 지역에 뉴타운이 건설된다는 정보를 미리 알고 있어도 마찬가지다. 그리고 경매 투자에서 남들은 해결하지 못하는 법률적 문제를 해결할 수 있는 지식이 있는 사람도 돈을 벌 수 있다.

내가 아는 경매 고수 중에 특수물건만 취급하는 경매 투자자가 있다. 이분은 경매를 1년에 한 건 또는 두 건 정도만 투자를 한다. 절대 많이 하지 않는다. 그런데 일반 아파트, 주택이 아닌 특수한 물건만 취급을 한다. 남들이 입찰하지 않는 물건 말이다. 그래서 단독 입찰이 많다. 경매법원에서도 유명한 인사로 정평이 나 있다. 이분이 취급하는 특수물건은 유치권이 얽혀 있는 복잡한 물건과 임차인이 많은 선순위 다가구 주택 등을 입찰한다. 보통 사람이면 이런 물건들은 잘못 입찰했다가 명도가 안 되어 고생을 할 수 있기 때문에 겁부터 나기 마련이다. 그런데 경매 고수는 이런 물건을 풀 수 있는 법률적 지식과 경험이 있기 때문에 투자를 할 수 있는 것이다.

많은 분들이 부동산 투자를 하려고 해도 돈이 없어 못 하겠다고 한다. 맞는 말이다. 부동산 투자는 돈이 있어야 할 수 있다. 큰돈이 있어야 투자를 할 수 있는 종목이 있고 적은 돈으로 소액 투자할 수 있는 물건도 많다. 그러나 일단은 종잣돈이 있어야 투자가 가능하다.

공부하고 투자하면 실패하지 않는다

나는 10년 전 부동산 투자를 시작할 때 가장 어려웠던 점이 종잣돈을 모으는 것이었다. 그 당시 결혼하고 맞벌이를 했다. 직장에 다니면서 쥐꼬리만 한 월급으로 우리는 월급의 70%를 적금을 들었다. 지금 생각해도 미친 짓이었다. 말이 70%이지 거의 사회생활을 할 수 없는 기본적인 생활만 할 수밖에 없었다. 나는 그 당시 부동산 투자가 너무 하고 싶었는데 종잣돈이 없으니 어떻게 할 수 없는 상황이었다.

사실 그 당시 부동산 투자 때문에 아버지께 손을 내민 적이 있었다. 초기 비용으로 2천만 원을 빌려 달라고 했는데 아버지는 일언지하에 거절하셨다. "부동산 부 자도 모르는 너에게 뭘 믿고 돈을 줄 수 있는냐?"는 아버지의 말씀에 한편으로는 이해가 되었다. 그러나 다른 한편으로는 너무나 섭섭했고 사실 아직도 가슴 한구석에는 응어리가 남아 있다. 아마 그때 내가 부모님께 한 달 정도 찾아가지도 않고 전화도 안 했던 기억이 난다. 중간에서 와이프가 마음고생이 많았다.

아버지의 거절로 나에게 오기가 생겼고 나는 1년 동안 종잣돈을 모으는 데 최선을 다했다. 드디어 1년 후 약 2,400만 원의 종잣돈을 만드는 데 성공했다. 지금도 1년 정기적금 타러갔던 때가 생각난다. 마침 그날은 비가 오는 날이었는데 적금 타고 나오면서 너무 기분이 좋아 우산도 쓰지 않고 비를 맞고 온 기억이 난다. 하늘에서 내리는 비에 그동안의 고생했던 추억과 아버지에게 섭섭한 마음이 한순간에 씻겨 내려가는 것 같아 너무 기분이 좋았다.

종잣돈을 모으고 나서 나는 더욱 바빠졌다. 시간이 날 때마다 부동산 투자 지역 검색을 하느라 분주했다. 그리고 주말이면 직접 부동산을 보기 위해 아침 일찍부터 움직였다. 10년 전만 해도 부동산 투자 검색은 벼룩시장 정보지였다. 지금은 워낙 좋은 정보 사이트가 많아서 여러 군데를 검색할 수 있지만 그때는 벼룩시장의 인기가 대단했다. 직장을 알아보는 것과 도배·장판을 알아보는 것도 벼룩시장 정보지를 보고 결정했다. 또한 중고차를 사는 것도 전부 벼룩시장을 통해서 이루어졌다. 심지어 부동산의 주택, 빌라, 맨션, 아파트, 상가, 토지 등의 모든 정보를 벼룩시장 같은 생활정보지가 대신했다.

내가 처음 부동산 투자를 했던 것도 벼룩시장 정보지를 보고 찾았던 3층 다가구 주택이었다. 그 당시 나는 너무나 간절했다. 죽을힘을 다해 종잣돈을 모았고 그사이 아버지와의 갈등으로 나는 반드시 첫 부동산 투자에 성공하고 싶었다. 그러나 아무리 돌아다니고 검색을 해봐도 내가 살 수 있는 부동산은 많지 않았다. 초기 비용이 적은 즉 소액 투자를 할 수 있는 물건을 선택한 것이다.

총 매매 금액이 1억 2천만 원이었는데 전세보증금이 1층, 2층, 3층 합쳐서 총 1억 정도가 들어 있었다. 그래서 내 돈 2천만 원과 취·등록세 세금만 있으면 살 수 있었다. 내가 산 다가구 주택의 주인은 나보다 한 살 많은 젊은 분이었다. 주인은 이 집을 경매를 받고 수리를 해서 전세를 놓고, 매매를 했던 것이다. 나는 그 당시 경매 공부를 하고 있어서 경매물건에 대해서도 관심이 많았다. 이것이 인연이 되어 나의 다음 경매 투자할 때 매도인에게 도움도 받았던 기억이 난다.

　나는 그 당시 종잣돈을 모으는 것이 목적이 아니라 종잣돈으로 부동산 투자를 하고 싶었던 게 가장 큰 목적이었다. 그래서 나를 거절했던 아버지에게 나도 부동산 투자를 할 수 있다는 것을 보여주고 싶었다. 투자는 계획에 의해서 진행되어야 한다.

　지금 이 시간에도 종잣돈을 모으기 위해 열심히 저축하고 있는 분들이 너무나 많다. 맛있는 거 못 먹고, 좋은 옷 못 사고, 친구들과 술 한잔 하기 아까워서 선뜻 나가지 못하는 많은 분들의 애환을 누구보다 잘 알고 있다. 그래서 투자를 하고 싶은데 용기가 나지 않아 종잣돈만 모으고 계시는 이 시대의 많은 직장인들은 명심해야 할 것이 있다.

　종잣돈을 모았으면 과감하게 투자를 해야 한다. '조금 더 모아서 해야지.', '아직은 때가 아닌 것 같아.' 등의 자기 변명을 하면서 투자를 못 하니까 두려운 것이다. 이렇게 어렵게 모은 피 같은 종잣돈을 투자하려니까 여러 가지 생각이 다 드는 것이다. 지금 부동산을 사도 되는 걸까? 혹시 내가 사면 떨어지지 않을까? 그래서 여러분은 종잣돈을 모았던 십 분의 일의 에너지라도 부동산 공부를 하고 지식을 쌓는 데 노력을 해야 한다. 배워야 한다. 지식이 돈이기 때문이다.

　지금은 21세기 지식 정보화 시대에 살고 있다. 컴퓨터 및 스마트폰의 비약적인 발전으로 정보의 홍수에 살고 있다. 예전에는 부동산 개발 정보가 상위 계층의 독점적인 전유물로 여겨졌던 시대도 있었다. 그러나 요즘은 인터넷과 스마트폰의 발전으로 검색만 하면 누구나 정보를 알 수 있는 시대에 살고 있다. 그런데 중요한 것은 이 많은 정보의 바다에서 자신에게 필요한 정보를 빨리 찾아내는 지식이 더 중요한 시대가 된 것이다. 그래서 여러분은 지식이 돈이 되는 사회에 살고 있다.

04.

생각의 속도가
빨라야 산다

생각의 속도가 느리면 망한다

'생각의 속도가 빨라야 산다.', '생각의 속도가 느리면 죽는다.'라고 다소 과격한 표현으로 바꿀 수도 있다. 말의 속도와 생각의 속도는 같아야 말을 유창하게 잘할 수 있다. 그러나 말의 속도보다 생각의 속도가 빠르면 말을 더듬거나 정확하게 표현을 하기가 어렵다.

외국에서 일어난 일화를 소개해보겠다. 잭이라는 한 아이가 있었다. 잭은 말을 무척 더듬어서 친구들에게 매일 놀림을 당하곤 했다. 잭은 그런 말을 들을 때마다 말수가 더 줄어들었고 더 소극적인 아이가 되어갔다. 이때 잭의 어머니가 이런 말을 했다. "네가 말을 더듬는 이유는 생각의 속도가 말의 속도보다 더 빠르기 때문이다. 그러니 앞으로 생각의 속도에 말의 속도를 맞추어 보는 연습을 하면 어떨까?" 이 말을 들은 잭은 다시 용기를 냈고 시간이 날 때마다 큰소리로 책을 읽고 꽃에게도 말을 걸어보면서 연습을 했다. 어느 사이 잭은 말을 더듬지 않게 되었고 자신의 생각을 조리 있게 말할 수 있게 되었다. 어머니의 칭찬과 격려를 먹고 자란 잭은 커서 세계적인 가전업계의 CEO가 되었다. 이분이 바로 그 유명한 제너럴 일렉트릭사의 회장 '잭 웰치'이다.

생각의 속도가 빨라서 말이 그 속도를 따라가지 못하는 것이다. 참 멋있는 표현이다. 지금은 생각의 속도가 빨라야 미래를 상상하고 미래를 대비할 수 있다. 세상이 언제 어떻게 바뀔 줄 모르기 때문이다. 지금은 최첨단 글로벌 세계에 시시각각 빠르게 변화는 세상에 살고 있는 것이다. 내가 지금 한국에 있어도 미국에서 무슨 일이 일어나고 있는지를 스마트폰을 통해서 알 수 있다. 그 무엇을 상상하든 현실이 될 수 있는 세상이기 때문에 생각이 빨라야 한다.

부동산 중개에 있어서도 생각이 빨라야 살 수 있다. 손님이 부동산 사무실에 오기만을 기다려서는 안 된다. 내 사무실이 어디에 있고 나는 어떤 좋은 물건을 많이 가지고 있다는 것을 자꾸 노출을 시켜야 한다. 그래서 손님이 궁금해서 사무실에 전화를 하게 만들어야 한다. 이제는 부동산 중개업도 손님이 그냥 오는 시대에서 찾아오는 시대로 바뀌고 있다. 부동산 정보의 홍수 속에서 여러분만 가지고 있는 필살기가 있어야 한다.

미래를 보는 안목과 생각의 속도가 성공의 지름길이다

지금과 같은 부동산 중개 불황기에도 살아남을 수 있는 전략을 미리 가지고 있어야 한다는 말이다. 부동산 경기가 좋아 거래가 잘되고 있어도 거래가 안 될 때를 대비하여 수익을 창출할 수 있는 방법을 모색해야 하는 것이다. 공인중개사들의 부동산 중개와 투자의 병행은 불황을 타개할 수 있는 발상의 전환이다. 중개업을 하면서 시간이 남을 때마다 투자할 물건을 검색하고 찾아야 한다. 시간이 되면 임장을 통해 물건의 가치를 판단해야 한다. 그리고 투자 분석이 끝나면 과감하게 투자를 해야 한다. 투자를 하면 수익이 발생할 수 있다. 물론 투자를 잘못하면 실패를 할 수 있다. 실패를 줄이기 위해서 부동산 공부를 해야 하고 강의를 들어야 한다.

부산 명지 신도시에서 중개업을 하고 있는 L소장은 나랑은 나이가 같아서 친하게 지내는 소장이다. L소장은 신도시 개발을 시작할 때 중개사무실을 차려서 들어갔다. 처음에는 분양권과 상가 중개로 정신없이 바빴다고 한다. 그러나 부동산 경기가 나빠지면서 거래가 실종되어 요즘은 조용하다고 했다.

그러나 L소장은 요즘 부동산 공부에 여념이 없다. 부동산 강의가 있을 때마다 빠지지 않고 열심히 듣는다. 나는 궁금했다. "지금은 부동산 사무실

임대료도 내기 어려운 시기인데 강의를 듣고 할 여유가 있느냐?"고 물어봤다. 그러자 L소장님 당당하게 얘기를 했다. "잘 나갈 때 부동산 투자를 여러 군데 해놓았기 때문에 지금은 월세 통장도 받고 있다"고 했다. 그리고 시간이 남을 때 공부를 하고 준비해야 경기가 살아나면 더 큰 돈을 벌 수 있다고 강조한다. 항상 미래를 대비하고 준비해야 한다고 했다. L소장님처럼 언제 어떻게 부동산 중개 시장이 변할 줄 모르기 때문에 변화에 민감해야 한다. 만약 L소장이 잘 나갈 때 부동산 투자를 하지 않았다면 어떻게 되었을까? 아마 지금쯤 큰 어려움을 겪고 있을 것이다. 아니면 벌써 사무실을 폐업하고 다른 일을 하고 있을 수도 있다. 미래를 내다보고 미리 준비한 것이 지금의 여유를 만끽하는 것이다.

『생각의 속도가 빨라야 산다』는 미래를 내다보고 전 세계 의류 · 신발업계에 휠라 신화를 만들어냈던 윤윤수 사장의 성공 사례도 생각의 속도가 빨랐다는 것이다. 지금은 속도의 시대다. 사람들과 대화를 할 때도 1분 이상 넘어가면 지루해한다. 1분 안에 핵심 내용을 전달해야 한다. 생각의 속도도 느려서는 정보가 아니라 쓰레기가 될 수 있다. 세계 최고의 갑부, 세계에서 가장 존경받는 리더인 빌 게이츠도 1990년대 아직 컴퓨터가 상용화되지 않았던 시절, 그는 "모든 책상 위에 컴퓨터를 놓게 될 것이다."라고 하는 원대한 생각을 했고 그 생각이 꿈을 실현시켰다.

부동산 중개업도 개업공인중개사의 생각의 속도가 느리면 안 된다. 빨라야 산다.

05.

부동산 투자로
두 마리 토끼를 잡아라!

나도 매월 꼬박꼬박 월세 통장을 받고 싶다

여러분은 매달 입금되는 월세 통장을 생각해본 적이 있는가? 월급 통장에서 매달 말일에 입금되는 돈이 아닌 추가로 월세 통장으로 매달 꼬박꼬박 월세를 받는 생각 말이다. 월세가 통장에 들어오면 어떤 느낌일까? 나는 그 느낌을 안다. 월세를 받아봤고 지금도 월세를 받고 있으니 말이다. 월세가 입금되면 문자가 울린다. 무심코 핸드폰을 열어보면 월세가 입금되어 있다. 사실 바쁜 생활 속에서 오늘이 월세 날인지 모르고 있다가 입금이 되면 나도 모르게 미소가 번지면서 삶의 활력소가 된다. 아무리 내가 그때 기분이 좋지 않아도 잠깐 기분을 전환할 수 있어 행복해진다.

예전에 사업상 알게 된 지인들 때문에 목돈을 주면 연 24% 이자를 주는 곳이 있다고 해서 사무실을 간 적이 있다. 거기는 약품 도매 회사였는데 약품을 대량으로 구입해야 저렴하게 살 수 있다고 했다. 그래서 투자금을 모으고 있었다. 그리고 싸게 산 만큼 물건을 팔게 되면 그에 대한 수익을 이자로 주는 방법이었다. 즉, 천만 원을 맡기면 한 달에 20만 원의 이자를 준다고 했다. 거기에 갔던 지인분들 대부분이 계약서에 도장을 찍고 왔다. 그 당시 나도 사실 지인들처럼 계약을 하고 싶었는데 돈이 없어서 그냥 돌아왔던 생각이 난다.

나중에 안 사실이지만 월 이자는 딱 6개월까지는 정확히 들어왔다고 한다. 그다음 달부터는 차일피일 미루는 경우가 많았다고 한다. 1년이 지나자 지인들이 계약했던 사무실이 없어진 것을 알게 되었다. 지금도 방법은 다르지만 여러 가지 경로를 거쳐 이자 놀이를 하는 사기꾼들이 많다. 절대 달콤한 유혹에 넘어가지 말아야 한다. 항상 의심하고 또 의심해야 한다.

내가 아는 사장님 중에는 월세를 매달 천만 원 이상 받는 분이 꽤 많다. 그분들을 만나서 얘기를 해보면 월세 천만 원이 항상 부족하다고 한다. 이것저것 빼고 나면 남는 게 없다고 푸념한다. 그리고 어디 좋은 상가건물 나오면 꼭 자기부터 연락해달란다. 욕심이 끝이 없다. 부자들은 자기 속마음을 다 털어놓지 않는다. 항상 뭔가를 숨기고 말을 잘 안 한다. 항상 어렵다고 한다. 어쩔 때는 겸손한 건지 뻔뻔한 건지 알다가도 모르겠다.

이 세상 많은 부자들이 월세 천만 원 이상을 받고 생활한다. 그 이유는 부모님 잘 만나서 증여나 상속으로 편하게 사는 분들도 있기 때문이다. 그러나 내가 아는 부자들은 자수성가한 분들이 많다. 어려서부터 장사를 배워서 20년 동안 한 분야의 최고가 된 부자부터 부동산 투자로 아파트부터 상가, 토지 등을 사고팔고 하면서 부를 축적한 분들도 있다. 이분들의 특징은 매수, 매도 타이밍을 정확히 알고 있다는 것이다. 정부 정책에 민감하게 움직인다. 정부에서 집을 사라고 하면 열심히 돌아다니면서 투자 물건을 매수한다. 정부에서 세금을 많이 올려 집을 못 사게 하면 집을 사지 않고 상가를 사러 돌아다닌다. 정부의 정책에 순응하는 것 같지만 그 이면에는 언제 어디에 투자를 해야지 돈을 벌 수 있는지를 알고 있는 사람들이다.

부동산 개발업을 하고 있는 H 사장님은 신문만 보면 어디를 투자해야 될지 안다고 한다. 경제면에 부동산 관련 기사가 많이 보이면 투자를 시작해야 하는 시점으로 생각하면 된다고 했다. 정부 정책은 정권마다 변하고 집권 연도마다 달라진다고 한다. 대통령이 바뀌고 새 정부가 들어서면 친서민 정책을 펼쳐 지지율을 끌어올린다. 그러나 경기 상황이 나빠지면 제일 먼저 하는 정책이 부동산 완화 정책을 펼친다는 것이다. 왜냐하면 부동산은 경제에 밀접하게 영향을 미친다. 자연히 경제를 활성화시키는 정책을 펼칠 수밖에 없다. 결국 부동산은 시간의 문제이지 물가상승률만큼은 올라갈 수밖에 없다고 힘주어 말한다.

부동산 산업은 우리나라 전체 산업의 19% 정도를 차지한다. 우리 경제에 엄청난 영향을 미치고 있다. 한 예로 부동산을 사고 · 팔면 공인중개사는 중개보수를 받는다. 세무사는 양도세 상담을 통해 수수료를 받고, 집을 산 매수인은 대출중개인을 통해 대출을 신청한다. 어디 이것뿐이겠는가? 집을 좋은 가격에 매매한 매수자, 매도자는 기분 좋아서 외식을 한다. 그리고 이사를 하면서 도배 · 장판을 새로 하게 되고, 큰 평수로 이사 가면서 가전제품을 바꾸게 되어 있다. 이 모든 과정이 집을 사고팔고 이사 가는 과정에서 진행되는 일련의 과정이다. 한 채의 아파트를 사고팔았을 뿐인데 그것으로 인한 파급 효과가 엄청나다. 이것을 경제학 용어로 '낙수효과'라 한다. 처마 밑에서 떨어진 물이 흘러 흘러 멀리 바다까지 가듯이 돈이 돌고 돌아야 모두에게 행복한 것이다.

재테크 전성시대 부동산 투자가 정답이다

요즘 초등학교 어린이들에게 꿈이 뭐냐고 물어보면 가수와 같은 연예인이 제일 많다고 한다. 다음으로는 월세 받는 건물주가 되는 게 꿈이라는 어린이들이 많다고 한다. 인간을 만든 조물주 위에 건물주가 있는 것이 틀림없는 것 같다.

결혼 전 나의 초등학교, 중학교 친구들은 주식을 많이 했다. 나도 동참해서 많은 금액은 아니지만 친구들과 어울릴 수 있는 만큼만 주식 투자를 한 적이 있었다. 만나서 술 한잔 하면서 주식 얘기를 하면 시간 가는 줄도 몰랐다. 서로 기업을 평가하고 정보도 주고받으며 이야기하는 게 재밌었다. 그때는 너무나 유익했고 뭔가 모를 성취감도 느꼈었다. 그런데 주식을 했던 그 당시 나는 직장을 다니고 있었는데 오전 9시부터 오후 3시까지는 일이 손에 잡히지 않았다. 그때는 지금처럼 스마트폰이 없던 시절이라 주가 흐름이 궁금하면 PC방에 가서 확인하고 했던 시절이었다.

매일 머릿속에는 주식에 대한 생각이 집중되다 보니 조급한 마음과 불안한 생활의 연속이었다. 이런 생활이 1년 정도 지속되다가 내가 투자한 종목이 급락하면서 손절매를 할 수밖에 없었다. 결국 투자도 실패하고 말았다.

그때 나랑 같이 주식했던 친구들은 거의 대부분 손해를 보고 정리했다. 그런데 아직도 미련을 가지고 주식을 하고 있는 친구도 있다. 내가 주식 투자를 해보니깐 힘든 점이 일은 일대로 안 되고 돈은 돈대로 안 되는 것이었다. 주식 투자는 이 시대를 살아가는 많은 직장인들의 재테크 수단이다. 그러나 개미가 시장을 이기는 것은 그렇게 호락호락하지 않다.

내가 부동산 사무실에 앉아 있으면 꼭 오후 3시 이후로 사무실로 커피를 드시러 오시는 사모님이 꽤 있다. 이런저런 얘기를 하다 보면 내가 물어보지도 않았는데 사모님이 먼저 말을 꺼낸다. "제 소장! 내가 이번에 주식만 오르면 상가건물에 투자할 테니 조금만 기다려봐."라고 말한다. 이번에는 확실히 오른다고 강조하신다. 또 다른 사모님은 주식 투자로 2억을 말아먹었는데 남편 몰래 비자금으로 투자했단다. 남편이 알게 될까 봐 매일 숨

죽이며 살고 있다고 아주 작은 목소리로 이야기를 하신다. 이렇듯 많은 사람들은 재테크 중독으로 살아가고 있다.

　여러분도 월세 통장을 가지고 싶은가? 충분히 가질 수 있다. 그것은 주식이 아닌 부동산을 통해서 시작해야 한다. 부동산은 필수 재화다. 주택은 사람이 사는 데 없어서는 안 되는 '의식주' 중에서 '주'에 해당한다. 필수 재화의 가치는 물가상승률만큼은 올라갈 수밖에 없다. 2000년 초 짜장면값이 3,000원이었지만 지금은 6,000원이다. 부동산도 물론 시장경제 논리에 의해 외부적인 리스크를 가지고 있다. 그러나 주식보다는 훨씬 변동성이 작으며 수요와 공급에 의한 수급 물량, 정부 정책을 공부하면 리스크를 줄일 수 있다. 그리고 수익형 부동산은 월세 수익과 시세 차익이라는 두 마리 토끼를 잡을 수 있는 재테크 종목이다.

06.

인생을 바꾸는 기회,
부동산이면 충분하다

부자는 하늘에서 내려준 것이 아닌 만들어지는 것이다

이 세상에 돈을 싫어하는 사람이 있을까? 너무 좋아해서 탈이다. 서로 이 돈을 가지려고 싸우고 때리고 때론 사람을 죽이기까지 한다. 무서운 세상인 것이다. 사람들은 돈을 많이 가지려고 하는데 돈을 많이 가질 수 있는 방법을 모른다. 배는 고픈데 밥 먹는 방법을 모른다고 하면 얼마나 답답할까? 나이 드신 할아버지와 할머니들이 돈을 모르거나 싫어하게 되면 치매가 왔다고 할 수 있다. 예전에 돌아가신 우리 할머니도 80세까지는 참 총명하셨는데 82세가 되니 돈을 못 알아보셨다. 용돈을 드려도 돈을 함부로 두

곤 했었다. 그만큼 돈은 중요하기 때문에 이것을 모른다고 하면 이상하다고 판단하는 것이다.

그렇다면 돈은 우리에게 어떤 의미일까? 물건을 살 때도 돈이 필요하고 직장인이 일을 하면 돈을 벌 수 있다. 병원에 갈 때도 돈이 필요하다. 돈은 사람이 살아가는 데 없어서는 안 되는 물건이다. 돈 자체가 필요한 것이 아닌 교환의 수단으로 돈이 필요한 거다. 돈이 많으면 부자고 돈이 없으면 서민이다. 우리 사회가 모든 것을 돈으로 판단할 수 있는 세상에 살고 있다는 것을 말해준다.

그렇다면 어떻게 해서 부자들은 돈이 많은 것이고 서민들은 돈이 없는 것일까?

부모님한테 물려받아서 부자일 수도 있고 그렇지 않아서 서민일 수도 있다. 옛날에도 가난은 나라의 임금도 구제할 수 없다고 하지 않았는가! 그런데 가난하다고 해서 자식들까지 대물림하여 가난하게 살아가야 하는 법은 없다. 그렇다면 부자들은 어떻게 돈이 많은 것일까? 나는 '돈을 쓸 줄 아는 차이'일 것이라는 생각이 들었다. 돈을 쓸 줄 모르고 모으기만 한다면 부자가 될 수 없을 것이다. 하지만 돈을 언제 어떻게 써야 하는 줄 아는 사람은 부자가 될 가능성이 있다. 즉 투자를 잘하기 때문이다.

사람은 누구나 돈을 벌 때와 돈을 쓸 때를 알아야 한다고 했다. 내가 돈을 투자한 것을 기다릴 줄도 알아야 하고 어느 정도 수익이 났으면 회수할 줄도 알아야 한다는 말이다. 앞에서도 말했듯이 돈이 많아야 부자가 되는 것은 아니다. 적은 돈으로도 어떻게 쓰느냐에 따라 부자가 될 수 있다. 쉽게 얘기하면 모르는 것은 죄가 아니다. 모르면 배우라는 말처럼 투자를 해야겠다는 확신이 들면 하면 된다는 것이다. 옛날 전봇대 광고가 생각난다.

"배움의 고통은 잠시지만, 못 배운 고통은 영원하다."

학교 다닐 때 우리는 국어, 수학, 영어 등의 과목은 열심히 공부를 했다. 그러나 어떻게 투자를 하고 어떻게 돈을 모으고 어떻게 써야 하는지에 대해서는 배우지 않았다. 다만, 아껴 쓰고 저축하는 어린이들은 상을 줘서 칭찬을 해줬다. 그때와 지금은 은행 금리도 다르지만 세상이 많이 바뀌었다. 아껴 쓰고 저축하면 그냥 밥만 먹고 살 수 있다. 요즘은 저축만 한다고 해서 부자가 될 수는 없다. 왜 그럴까? 물가 상승으로 인한 화폐의 가치 하락 때문이다.

예전에는 버스를 탈 때 500원만 내면 탈 수 있었다. 그러나 지금은 2,000원을 내야 탈 수 있다. 버스는 그대로인데 물가가 오르면서 돈의 가치가 떨어졌기 때문이다. 이런 현상이 올해만 일어나고 멈추는 것이라면 문제가 될 수 없다. 계속 물가는 상승하게 되어 있다. 이것은 경제 원리이고 세상 이치인 것이다. 그리고 최근 최저임금이 인상되면서 물가는 더 빨리 올라갈 가능성이 커졌다.

부동산 투자는 과거의 가치가 아닌 미래의 가치를 사는 것이다

그렇다면 부동산은 어떨까? 부동산은 큰 변수가 없는 한 물가 상승분 만큼은 오르게 되어 있다. 그리고 미래 가치가 좋은 곳을 미리 투자해놓으면 큰 수익도 기대할 수 있다. 먼저 곰곰이 내 자신의 미래에 대해 그려봐야 한다. 내 미래는 어떨까? 돈이 많으면 많을수록 사람들은 행복하다고 생각한다. 그것은 돈만 있으면 무엇이든 할 수 있다고 생각하기에 돈을 싫어하는 사람이 없다는 것이다. 그렇기에 5년, 10년이 지난 나의 모습을 상상한다면 답이 나올 것이다. 무엇에 투자해야 하는지 말이다.

투자는 미래 가치를 사는 것이다. 그런데 미래 가치가 불투명하거나 불을 보듯 뻔한 이야기라면 말을 갈아타야 한다. 그럼 여러분의 미래는 어떠한가? 5년, 10년 후 좋은 그림이 그려지는가? 좋은 그림을 그릴 수 있는 사람은 행복하다. 그러나 대부분의 사람들은 그림이 잘 그려지지 않는다. 개중에는 그림 그리기를 포기하는 사람도 많을 거라고 생각한다.

나도 처음 재테크를 배울 때 거기서 만난 형, 동생들과 친하게 지냈다. 물론 지금까지 연락하는 사이는 아니지만 그때는 서로 의지도 하고 정보도 교류하면서 도움을 많이 받았다. 그때 같이 공부했던 사람들 중에 재테크 강사가 되신 분도 있고 큰 부자가 된 사람도 많다. 그때 그 시절도 내가 직장을 다니고 있을 때니까 여러분도 조금만 고생하면 부동산 공부를 할 수 있다.

직장 생활 때문에 도저히 시간이 안 되는 분은 부동산 재테크 관련 책을 사서 보면 된다. 처음 시작은 너무 어려운 책보다는 쉬운 책을 선택하는 것이 좋다. 용어도 모르면서 부동산 공법 책부터 펼치면 돈을 벌기 전에 흥미를 잃게 된다. 부동산 초보에서 어떻게 부자가 되었는지에 대한 책을 먼저 보면 된다. 그 책의 저자도 나와 마찬가지고 초보 때가 있었던 과거가 있기 때문에 여러분에게는 강한 동기 부여를 일으킬 수 있다. 내가 쓴 『소액 부동산 투자가 정답이다』란 책도 부동산 초보자가 보기에 쉽고 재미있다. 참고하길 바란다.

책을 읽으면서 신문도 같이 봐야 한다. 정치 · 경제 · 사회 · 문화 등의 전체적인 숲도 알아야 한다. 내가 투자할 분야의 나무만 보면 전체적인 흐름을 놓칠 수가 있다. 여러분이 개업공인중개사라도 부동산 중개뿐만 아니라 부동산 투자! 당신도 충분히 할 수 있다.

07.

나는 왜 하필
공인중개사가 되었는가?

나는 고객을 부자로 만들어 드리고 싶었다. 그리고 나도 부자가 되고 싶었다

나의 별명은 어릴 때는 '칠뜨기'였다. 드라마 주인공의 흉내를 잘 내면서 자연스럽게 붙여진 이름이다. 그 별명은 고등학교 들어갈 때까지 불렸던 이름이었던 것 같다. 그리고는 따로 별명이 없었고 대학교에 가서는 교수, 박사 등의 닉네임을 가졌던 것 같다. 나의 성격은 원만한 편이라 주변에 친구는 많았다. 성격도 사람 만나는 것을 좋아하고 같이 어울리는 것을 좋아했다.

내가 지금껏 선택한 직업 중에서 내 적성에 가장 맞는 직업은 필리핀에서 했던 관광 가이드였다. 대학 선배님이 운영하시던 여행사에 교수님의 추천으로 와이프랑 내가 일을 하게 되었다. 처음에는 해외 학점 프로그램으로 참여하다가 너무 재미있어서 졸업 후 4년 동안 가이드 일을 했었다. 주로 한국에서 오신 관광객을 마닐라, 세부, 보라카이 등에서 3박 4일, 4박 5일 관광을 안내하고 무사히 돌려보내는 일이었다. 나는 단체 손님 가이드를 많이 했는데 인기가 많았다. 마이크를 잡고 필리핀의 역사와 정치, 경제, 사회, 문화 등의 설명을 재미있게 잘했다. 특히 필리핀 대통령이었던 마르코스 이멜다 여사의 러브 스토리는 나의 관광 멘트의 하이라이트였다. 나이가 지긋한 그 시대를 사셨던 부모님들은 나의 역사 얘기에 빠져들곤 했다.

20대 중반부터 필리핀에서 가이드를 하면서 내 나이 때 경험하지 못한 많은 경험을 하게 되었다. 맛있는 음식도 먹어보고 그림 같은 리조트에서 생활도 하면서 행복한 청년 시기를 보냈던 것 같다. 그러던 어느 날 아버지에게 전화가 왔다. 급한 일이 아니면 전화가 없었던 아버지는 그날따라 목소리에 힘이 있으셨다. 그것은 다름 아닌 부산 초량동에 암센터가 들어온다고 했다. 암센터 총무과와 원무과에 취직자리가 있다며 나와 와이프를 넣어주겠다고 했다.

아버지의 주장이 너무 강해서 우리는 약 두 달 후 필리핀 생활을 정리하고 한국으로 들어 왔다. 그러나 들어오기로 했던 암센터는 시간이 지나도 들어오지 않았다. 결국 아버지는 믿었던 고향 선배에게 취업 사기를 당했던 것이었다. 그 일로 아버지는 신경쇠약으로 힘들어 하셨고 병원 취업만 믿고 기다렸던 우리는 허탈감에 앞날이 깜깜했다. 그러는 와중 필리핀에 있을 때 투자했던 분양권이 미분양이 되면서 계약금을 잃게 되는 어려움을 겪었다. 지금에 와서는 웃으면서 과거를 회상할 수 있지만 그때 당시에는 말도 할 수 없을 만큼 힘든 시기였다.

아파트 분양권 투자 실패는 나의 재테크 역사에서 새로운 전환점이 되었다. 내가 아파트에 투자하면서 거실 방향도 모르면서 아버지 말씀만 믿고 투자했던 엄청난 실수를 한 것이 부끄럽고 자존심이 많이 상했다. 내 기억으로는 그때부터 부동산 공부를 하기 시작했다. 경매 기초반에 등록해서 경매 이론을 공부했고 부동산 투자 강의를 들으면서 종잣돈을 모으기 시작했다.

그러면서 하루라도 젊었을 때 부동산 최고 자격증인 공인중개사 자격증에 도전하고 싶었다. 처음에는 만만한 시험으로 알고 3월부터 학원에 등록해서 공부를 했다. 그래서 낮에는 직장에 다니고 밤에는 공인중개사 공부를 했다. 최선을 다해 8개월 동안 정말 열심히 공부해서 턱걸이로 동차 합격을 하게 되었다. "하늘은 스스로 돕는 자를 돕는다"는 것을 그때 깨달을 수 있었다. 나는 그때의 공인중개사 합격이 대학교 입학시험 합격했을 때보다 더 값지고 소중했다. 와이프도 그때가 몸과 마음이 가장 힘들었다고 한다. 공인중개사 자격증을 따고 바로 사무실 개업을 하지 않고 중개업 강의를 듣고 공인중개사 모임을 하면서 많은 인맥을 만들어갔다.

나는 내 인생의 터닝 포인트로 공인중개사가 되었다

그리고 시간이 흘러 중개업을 시작한 지 지금 7년이 흘렀다. 이제는 베테랑 공인중개사가 다 되었다. 손님을 상대하는 요령도 생겼고 중개 기술도 많이 늘었다. 전세 손님을 설득하여 매매를 할 만큼 중개 기술도 많이 향상되었다. 짧은 기간에 상가 전문 부동산에도 있어 보고 내가 직접 경영도 하면서 많은 것을 몸소 경험하고 있다.

내게 가장 적성에 맞는 직업이 관광 가이드라고 했다. 두 번째는 바로 공인중개사라고 생각한다. 손님에게 좋은 집을 구해줘서 고맙다는 인사를 받을 때 성취감을 느낀다. 부동산 투자 컨설팅을 잘 해줘서 수익이 났다고 감사 선물을 받을 때도 보람을 느낀다. 고객을 좋은 집에 살게 해주고 고객을 부자로 만들어드리는 일이 행복하고 즐겁다. 물론 손님 중에는 좋은 손님만 있는 것이 아니다. 어려운 손님도 있고 불편한 손님도 있어서 힘든 경우도 많다. 나름 정신력도 강하기 때문에 충분히 이겨낼 자신이 있다.

사람들은 누구나 인생을 살면서 고비가 여러 번 온다. 이것을 잘 극복하는 사람은 좀 더 성장하는 사람이 되고 이것을 극복하지 못하면 패배자가 되고 만다.

인생에는 정답이 없다. 그러나 힌트는 있다. 그 힌트는 스스로 찾아가야 한다. 진정한 인생 역전은 로또 당첨이 아니라 자신의 터닝 포인트를 발견하고, 그것을 자기 인생의 결정적인 순간으로 만들어가는 사람이다. 생명이 있는 한, 우리 인생의 희망은 남아 있다. 살아 있는 한, 누구에게나 인생은 끝나지 않은 네버 엔딩 스토리다.

공인중개사들은 계속 일을 많이 해야 하는 직업은 아니다. 선택과 집중을 해야 하는 직업이다. 손님이 있으면 계약을 위해 브리핑을 하고 설득을 하는 직업이다. 손님이 사무실에 찾아오면 집중해서 열심히 하면 된다. 지금처럼 손님이 없거나 바쁘지 않으면 돌아다니면서 물건을 찾으러 다니면 된다. 아니면 부동산 투자 물건이든 경매 물건이든 임장을 하러 다닐 수도 있다. 사실 나는 개업공인중개사인 와이프에게 부동산 중개 업무는 일임을 했다. 중개업이 바쁠 때는 사무실에 있으면서 업무를 분담한다. 평소에는 부동산 강의와 투자를 하기 위해 외부 출장을 많이 다닌다. 나에게 공인중개사 일은 천직인 것 같다. '세상에 이렇게 나에게 맞는 직업이 또 있을까?'란 생각이 들 정도로 나는 공인중개사 직업에 만족한다.

08.

나는 부동산 중개보다
투자가 좋다

부동산 중개는 상대방과의 싸움이고 투자는 자신과의 싸움이다

한 번도 투자를 하지 않은 사람은 있어도 딱 한 번 투자한 사람은 없다. 투자를 한 사람은 '투자의 맛'을 알기 때문에 계속 투자를 한다는 얘기다. 그러나 중개는 한 번도 중개를 하지 못한 사람도 있고 딱 한 번 중개를 해본 사람도 있다. 중개는 손님이 찾아와야 거래를 할 수 있다. 내 의지대로 되는 것이 아니다. 아무리 싸고 좋은 물건이 있어도 사는 사람이 있어야지 거래가 되기 때문이다. 즉 중개는 매도인과 매수인, 임대인과 임차인의 협상이지만 투자는 자신과의 싸움이다.

지금의 한국 경제는 많은 어려움을 겪고 있다. 일단 코로나19로 인해 정상적인 사회생활이 어려워졌다. 그리고 최저임금의 급격한 인상으로 인해 소상공인들의 피해가 눈덩이처럼 커졌다. 직원도 인건비 때문에 여러 명 둘 수가 없어 정리를 하고 있다. 물가가 올라 가격을 올리고 싶지만 손님들 눈치 때문에 이러지도 저러지도 못하고 있다. 장사를 하면 할수록 적자는 눈덩이처럼 늘어나고 있다. 최근 신문에 소상공인 3명 중 한 명은 폐업을 준비 중이라고 한다. 그러나 폐업도 새로운 임차인을 구하지 못해 그만두지도 못하는 경우가 더 많다고 한다.

경제가 어려운 이유 중에 부동산 거래가 안 되는 이유도 있다. 부동산 거래가 활발해져서 밑에 있는 돈이 돌아야 혈액 순환이 잘될 텐데 지금은 동맥경화 수준이다. 내가 중개업을 하고 있는 1,600세대 대단지 아파트는 한창 거래가 잘될 때는 한 달에 30건 이상 거래가 되었다. 지금 현재 중개업소가 15군데가 있으니 평균적으로 중개업소 당 2건 이상의 거래를 했던 단지다. 그러나 지금은 한 달에 2~3건 정도만 거래가 된다. 거래가 줄어든 것이 아닌 거래가 없다고 봐야 한다. 완전한 거래 절벽이다. 부동산 거래가 안 되는 이유는 금리가 단기간에 폭등을 하면서 대출 이자 비용이 커졌다. 그리고 매수자 입장에서 부동산 가격이 더 떨어질 것이기 때문에 서두르지 않는 것이다.

부동산 중개는 정부의 정책과 입주 물량 그리고 부동산 투자 심리 등의 영향을 받는다. 사람들이 집을 사는 이유는 실거주 목적의 내 집 마련도 있지만 투자 목적도 있다. 세상에 내 집 마련의 실거주 목적만 있다고 하면 전세라는 제도는 사라지게 된다. 투자자가 있기 때문에 전세와 월세 물건도 나올 수 있다. 부동산 중개업은 부동산 시장이 좋을 때 거래가 많이 된다. 부동산 투자 심리가 있어야 사려는 사람이 많기 때문에 거래가 활성화되는 것이다.

부동산 투자는 자기 자신과의 싸움이다. 내가 부동산을 사고파는 데 누가 뭐라고 할 사람은 없다. 그러나 부동산 중개는 내가 아무리 하고 싶다고 해서 중개를 할 수 있는 것이 아니다. 상대방이 있기 때문이다. 양쪽의 입장이 합의를 봐야 한다. 양쪽의 합의를 끌어내기 위해서는 중개의 기술이 필요하다. 매도인은 조금이라도 비싸게 팔려고 하고 매수인은 조금이라도 싸게 사려고 한다. 그것은 인지상정이다. 이때 공인중개사는 매도인의 입장에서 가격을 깎아야 거래가 되는 이유를 잘 설명해야 한다. 반대로 매수인의 입장에서 조금 비싸도 이 물건을 꼭! 사야 하는 이유를 설명해야 한다. 그러나 부동산 경기가 좋지 않아 거래 절벽이 되면 중개의 기술을 써먹을 기회조차 생기지 않는다는 것이 중개업의 현실이다.

좋은 대학도 좋은 직장도 미래를 보장해주지 않는다. 그러나 좋은 투자는 보장해준다

내가 부동산에 입문한 이유는 아파트 분양권 투자에 실패했기 때문이다. 부동산 '부' 자도 몰랐던 과거에 아버지 말만 믿고 투자를 했다. 거실이 남

향인지 북향인지도 모르고 계약을 했다. 입주 시기가 언제고, 얼마의 잔금이 있어야 되는지도 모르고 일단 계약부터 했다. 인생을 살면서 가장 큰 결정을 해야 하는 시기에 나는 아무것도 알아보지도 않고 계약부터 하고 말았다. 준비 없이 했던 계약은 계약금 포기와 부동산 중개수수료 등의 이중 비용을 주고서야 정리를 할 수 있었다. 너무나 비싼 수업료를 지불하면서 부동산 투자의 첫 경험을 하게 되었다.

『부자아빠 가난한 아빠』의 저자 로버트 기요사키는 이런 말을 했다. "삶은 잔인한 교사다. 삶은 당신에게 먼저 벌을 준 후 교훈을 준다.", "사람들은 힘들게 번 돈을 투자하기 전에 투자의 간단한 기본들조차 배우지 않는다."

정말 맞는 말이다. 많은 사람들이 투자라는 달콤한 유혹에 빠져 아무 생각 없이 남들이 하니깐 나도 투자를 하고 있다. 공부하면서 간접 경험을 통해 배우고 투자하면 실패할 확률이 줄어든다. 그러나 과정은 생략한 채 결과만을 위해 투자를 한다.

나는 나의 첫 번째 부동산 투자에 실패하고 부동산 공부를 시작했다. 처음에는 이제 다시 부동산 투자는 하지 않겠다고 생각도 했지만 도저히 억울해서 이렇게는 못살 것 같았다. 그래서 경매학원을 시작으로 재테크 강의를 열심히 들었다. 그리고 부동산 관련 책도 많이 읽었다. 주말이면 여러 곳을 돌아다니면서 부동산을 조사하러 열심히 다녔다. 종잣돈을 열심히 모아서 투자를 했고 다행히 부동산 경기가 좋아지면서 투자 수익도 얻을 수 있었다. 내가 만일 첫 번째 부동산 투자에 실패해서 더 이상 투자를 하지 않았다면 지금의 월세 통장도 없었을 것이다. 부동산 중개만으로 생활을 하고 부동산 투자를 하지 않았다면 불경기에는 생활고로 많은 어려움을 겪었을 것이다.

이 세상에 은행 적금만으로 부자가 된 사람은 없다. 많은 부자들은 부동산 투자를 통해 부자가 되었다. 투자한 투자 종목은 다르지만 부동산 투자를 해야 남들보다 빨리 부자가 될 수 있다는 것을 몸소 실천했던 것이다. 지금의 대기업도 해외 수출을 통해 이윤을 창출한 것도 있지만 부동산 가격이 급등하면서 부를 축적할 수 있었다. 부동산 가격은 긴 호흡을 가지고 볼 때 IMF 금융위기 때나 미국의 경제공황인 서브프라임 때도 약간의 조정 시기가 있었지만 결국 시간이 지나자 또 상승했다.

결국 부동산 투자는 재테크의 가장 빠른 지름길이란 것을 말해준다. 나는 부동산 중개보다 투자가 좋다. 왜냐하면 부동산 중개는 내 의지대로 하고 싶다고 할 수 있는 것이 아니기 때문이다. 그러나 부동산 투자는 내 의지대로 열심히 하면 가능하기 때문이다. 그리고 부동산 투자는 부동산 중개보다 투자 수익률이 훨씬 높다. 부동산 중개의 경우도 상가건물이나 토지 등의 금액이 큰 물건의 경우 중개수수료가 높다.

그러나 대부분의 부동산 중개는 불확실성을 가지고 있다. 계약이 이루어져야 수수료를 받을 수 있기 때문에 지금처럼 부동산 거래가 어려운 시기에는 큰 타격을 받을 수 있다. 그래서 공인중개사는 부동산 중개와 투자를 병행해야 한다. 부동산 사무실에 손님이 많아서 거래가 잘될 때는 중개에 집중을 하면 된다. 그러나 지금처럼 부동산 경기가 하강 국면일 때는 시세 대비 많이 떨어진 부동산에 투자를 해야 한다. 부동산 가격은 사이클이 있기 때문에 언젠가 또 오른다. 부자와 빈자의 차이는 하늘과 땅 차이가 아니다. 조그만 생각의 차이가 아주 큰 차이를 만드는 것이다.

부자는 항상 싸게 사서 비싸게 판다. 위기가 기회라고 생각하는 사람은 부자다. 위기를 위기라고 생각하는 사람은 빈자인 것이다. 부자의 투자 철학을 벤치마킹하여 공인중개사도 부동산 투자를 해야 한다.

좋은 대학도 좋은 직장도 미래를 보장해주지 않는다. 그러나 좋은 투자는 미래를 보장해준다. 나는 부동산 중개보다 투자가 좋다.

5장

돈 잘 버는
공인중개사의
비밀 노트

01.

월 천만 원을 벌 수 있는
장소인가?

여러분이 월 천만 원을 벌고 싶으면 천만 원을 벌 수 있는 장소에 들어가야 한다

여러분이 부동산 중개업을 창업할 때 가장 큰 고민은 '내가 과연 한 달에 얼마를 벌 수 있겠냐?'의 문제다. '혹시 돈을 못 벌고 적자가 나는 것은 아닌가?'라는 두려움도 있게 마련이다. 나는 부동산 아카데미를 운영하면서 공인중개사분들을 많이 만나는데 '한 달에 얼마를 벌고 싶으냐'고 물어보면 대부분 한 달에 천만 원만 벌면 소원이 없겠다고 한다. 한 달에 천만 원은 적은 돈이 아니다. 천만 원을 벌기 위해서는 아파트 거래를 몇 개를 해야

될까? 6억 하는 아파트를 4개를 공동중개하거나 양타(공인중개사가 매도, 매수를 한 번에 계약하는 경우)를 2개 하면 한 달에 천만 원을 벌 수 있다. 그러나 만약에 2억 하는 아파트는 12개를 공동중개하거나 양타를 6개를 해야 천만 원 정도를 벌 수 있다.

매매 가격 6억 이상, 대단지 아파트 평수 다양한 곳, 완벽하지 않은 아파트 단지

내가 강조하고 싶은 것은 아파트 가격이 높아야 중개수수료율이 높아지기 때문에 여러분이 부동산 사무실을 구할 때는 아파트 매매 가격을 보고 사무실을 구해야 한다. 물론 원룸으로도 한 달에 천만 원을 버는 공인중개사도 많지만 그만큼 어렵고 힘들다는 이야기다.

아파트 매매 가격뿐만 아니라 대단지 아파트에 들어가야 한다. 규모가 적은 아파트는 거래 빈도수가 대단지보다 적다. 거래가 자주 발생하는 아파트에 들어가야 계약을 많이 할 수 있기 때문이다. 대단지 아파트의 평수 다양한 아파트는 아파트 단지 안에서 이사를 가려는 수요가 있다. 예를 들어 20평대에서 30평대로 이사를 가거나 40평대로 이사를 가는 수요가 발생하기 때문에 계약이 이루어진다.

아파트를 선택할 때도 주의할 점이 있다. 너무 완벽한 입지는 조심해야 한다. 지하철도 역세권이고 학군도 좋고 주변 생활 인프라가 완벽한 아파

트는 물건이 잘 나오지 않는 단점이 있다. 좋은 아파트 단지이지만 2% 부족한 아파트가 공인중개사에게는 오히려 계약에 도움이 된다. 역세권, 브랜드, 대단지 아파트이지만 학군이 좋지 않은 아파트는 자식이 학교에 들어갈 때쯤이면 이사를 생각하게 된다. 지하철이 먼 비역세권 아파트도 연식이 올라가면 신축의 장점이 사라질 때 물건이 나오게 된다. 이렇듯 공인중개사는 팔 수 있는 물건이 있어야 계약을 할 수 있다. 모든 완벽한 단지는 물건 구하기가 하늘에 별 따기가 되기 때문에 계약을 자주 할 수 없다.

여러분이 중개업을 창업하고 월 천만 원을 벌고 싶은가? 그럼 천만 원을 벌 수 있는 장소에 들어가면 된다.

02.

타 공인중개사와
차별성은 있는가?

　여러분이 상위 1%의 공인중개사가 되기 위해서는 타 공인중개사와 차별성이 있어야 한다. 왜 손님이 여러분의 사무실에 와야 하는가? 왜 다른 많은 공인중개사 중에서 여러분에게 계약을 해야 하는가? 그것은 타 공인중개사는 가지고 있지 않은 여러분만의 차별성이 있기 때문이다.

　타 공인중개사와 차별성은 무엇인가?

　1. 이 지역 토박이인가?
　여러분이 만약 창업하려는 장소가 여러분의 토박이라면 많은 지인들을 활용할 수 있다. 주변에 아는 사람들이 많기 때문에 부동산 계약을 위해 찾아오는 손님이 많다. 보통 이런 분들은 주변 사람들 소개도 많이 시켜주기 때문에 도움을 많이 받을 수 있다.

2. 아파트 말고 핵심 중개 종목이 있는가?

여러분이 만약 아파트 앞에 중개업을 창업하면 아파트, 빌라, 맨션, 단독주택 계약은 당연히 잘해야 한다. 그러나 이것만 해서는 다른 공인중개사와 경쟁에서 살아남을 수 없다. 왜냐하면 주택은 누구나 다 할 수 있는 부동산 중개다. 여러분이 이번에 처음 개업한 공인중개사라고 해도 아파트 계약을 못 하는 공인중개사는 없다. 등기부 등본만 잘 확인해도 계약하는데 큰 문제는 없다. 여러분이 타 공인중개사와 차별성을 가지기 위해서는 분양권, 상가, 토지, 공장, 재개발, 재건축 등의 중개를 할 줄 알아야 한다. 주택(아파트)이 아닌 다른 종목의 부동산 중개를 전문으로 하는 공인중개사가 그만큼 많지 않기 때문에 경쟁에서 살아남을 수 있다.

3. 세법 컨설팅이 되는가?

소득이 있는 곳에 세금이 있다. 부동산 투자도 결국 세금과의 문제가 도사리고 있다. 특히 양도세는 투자 수익률을 결정할 수 있기 때문에 매우 중요하다. 만약 공인중개사가 세금에 전문가적인 능력이 있으면 타 공인중개사보다 훨씬 앞서 나갈 수 있다. 그리고 요즘은 취득세도 복잡해졌기 때문에 취득세에 대한 컨설팅이 가능하면 계약을 이끌어내기가 훨씬 편하다. 세무 컨실팅만 잘해도 컨설팅 비용을 받을 수 있기 때문에 부가적인 수익도 발생할 수 있다.

4. 투자 물건 컨설팅이 되는가?

부동산 손님 중에는 실거주 목적의 손님이 있지만 투자를 목적으로 사무실을 방문하는 손님도 꽤 많다. 이런 투자 손님들에게는 투자금에 따라 투자 물건 컨설팅이 된다면 손님을 안 놓칠 수 있다. 투자 물건은 고객이 부동산에 내놓은 물건도 될 수 있고 여러분이 투자 물건을 발굴해서 손님에게 브리핑을 할 수도 있다. 투자자들이 원하는 물건을 다양하게 확보하고 이 물건들을 돈이 될 수 있도록 컨설팅하는 능력도 여러분이 타 공인중개사와 차별화할 수 있는 강력한 무기가 될 수 있다.

타 공인중개사와의 차별성은 여러분이 살아남는 강력한 무기가 된다.

03.

계약에는 2등이 없다
단, 공동 1등은 있다

부동산 중개는 제로섬 게임이다. 승자가 있으면 패자가 있다

올림픽 경기나 국제 경기를 보면 1등, 2등, 3등에게는 금, 은, 동메달을 수여한다. 하물며 초등학교 운동회를 해도 1등, 2등, 3등까지는 학용품 선물이 제공된다. 그러나 부동산 중개에는 2등이 없다. 1등만 기억하는 더러운 세상이다. 2등, 3등에게도 조그만 선물이라도 줬으면 같이 경쟁했던 공인중개사분에게 덜 미안하고 덜 안타까울 것이다. 그러나 현실은 냉정하다 못해 비정한 중개 현실이 되어버렸다. 그러나 요즘은 인터넷과 스마트폰의 발달로 인해 공동 1등이 활성화되면서 조금이나마 중개 시장에 단비가 되

고 있다. 공동중개가 일상화되었다는 얘기다.

부동산 중개는 제로섬 게임이다. 파이는 정해져 있는데 이것을 먹으려고 달려드는 공인중개사는 세상에 너무나 많다. 만약 부동산 거래가 이루어졌으면 누구는 계약을 했고, 누구는 계약을 하지 못했다. 계약한 공인중개사는 기분이 좋지만 그렇지 못한 공인중개사는 기분이 좋지 않다.

나는 동네를 지나가다 상가건물에 인테리어 공사를 하고 있으면 이런 생각이 든다. '이 상가 때문에 누구는 거래를 했고 누구는 또 아쉬움이 남겠구나.'라고 생각한다. 부동산 계약이 이루어질수록 승자와 패자가 있기 마련이다. 이 사회는 동물들이 아닌 공인중개사의 약육강식의 세상인 것이다.

나는 몇 년 전에 상가건물을 의뢰를 받아 부동산 중개에 열을 올리고 있었다. 내 사무실 근처의 좋은 위치에 있는 지하 1층, 지상 4층 건물이었다. 사무실 주변은 완전 중심 상권은 아니지만 아파트 1,600세대와 주택으로 이루어진 근린생활 상권이었다. 위치가 좋아서 1층 상가는 장사가 잘되었다. 보증금과 전체 월세 현황을 계산하여 상가 평균 수익률을 적용해보니 매매가가 15억 정도면 괜찮은 물건이었다.

그래서 나는 내 손님뿐만 아니라 내가 알고 있는 친한 공인중개사 소장님들께 의뢰를 해서 중개를 하고 있었다. 물건이 좋으니까 많은 손님들이 상가를 보러 왔고 관심을 많이 가졌다. 그리고 여기 주변 상권은 재개발 인근 지역 상권이었기 때문에 주택에서 상가주택으로의 전환이 많았다. 점차 상권이 활성화될 가능성이 큰 지역이었다. 미래 가치도 나쁘지 않았다.

그러나 나는 결국 이 물건을 내가 중개를 하지 못했다. 약 2달 동안 중개를 위해서 최선을 다했는데 결국은 빈손으로 끝나고 말았다. 상가 전문 중개법인에서 거래를 한 것이었다. 상가를 전문으로 하는 법인 부동산은 규모 면에서 개인 부동산과 차이가 크다. 직원도 100명이 넘는 곳도 많고 신문광고도 많이 하기 때문에 경쟁 상대가 되지 않았다. 다윗과 골리앗의 싸움이다. 다윗이 골리앗을 이기기 위해서는 부동산 물건을 빼앗기면 안 된다.

건물 주인이 부동산 물건을 내놓을 때 내 부동산 사무실에만 독점으로 내놓아야 한다. 그리고 쥐도 새도 모르게 소리소문없이 매매를 진행해야 승산이 있다. 만약 소문이 나서 다른 부동산 공인중개사가 알게 되면 거기서 끝이라고 생각하면 된다. 소문을 들은 공인중개사들은 수단과 방법을 가리지 않고 주인과의 접촉을 통해 매매를 진행하게 된다. 이것은 지금 부동산 시장에서 일어나고 있는 비일비재한 이야기다.

손님을 내 편으로 만드는 3가지 방법

부동산 중개 시 물건과 손님을 뺏기지 않고 손님을 내 편으로 만드는 방법을 제시하겠다.

첫째, 손님의 경조사는 반드시 참석해야 한다. 사회생활 하면서 사람의 마음을 가장 쉽게 얻는 방법이 경조사 참석이다. 가성비가 가장 높은 사회생활 중 하나가 경조사 참석인 것이다. 결혼이나 돌잔치 혹은 장례식장에는 반드시 참석해서 축하나 위로를 해야 한다. 여러분도 한번 생각해보면 굳이 참석 안 해도 되는 사람이 여러분 경조사에 참석을 하면 고마워서 어쩔 줄을 몰라 할 것이다. 시간이 바빠서 참석이 어려우면 부조라도 해서 마음을 전달하면 된다. 마음을 전달받은 손님은 여러분 편일 것이다.

둘째, 공인중개사는 손님에게 연락을 자주 해야 한다. 집을 한 번 거래하고 '이제 볼일 없겠지.'라고 생각하고 신경을 쓰지 않으면 내 손님이 아니라고 보면 된다. 이 손님은 다음에는 다른 부동산에 의뢰를 할 수 있다. 그런데 아무 이유 없이 안부 전화를 하는 것도 실례가 된다. 그래서 나는 아파트 청약 관련 정보나 부동산 대책 발표가 나면 요약 정리를 해서 단체 문자를 보낸다. 그러면 궁금한 손님은 전화를 걸어온다. 직접 사무실에 찾아오는 손님도 있다. 안 오더라도 유대관계를 계속 맺고 있기 때문에 다음에 만나도 서먹하지 않고 대화를 이어갈 수 있는 매개체가 될 수 있다.

셋째, 일단 친절해야 한다. 부동산 중개업은 서비스업이다. 서비스업은 친절해야 성공한다. 손님이 기분 좋아야 계약이 성사되기 때문이다. 부동산 정보를 잘 전달하고 아는 것이 많아서 손님의 궁금증을 해결해주는 것도 중요하다. 그러나 처음 여러분 사무실을 방문하는 사람은 여러분의 부동산 지식이 많고 적음을 알지 못한다. 여러분의 첫인상을 보고 사무실에 들어올지를 결정한다. 공인중개사는 미소를 잃지 말아야 한다. 웃는 얼굴이 계약을 부르는 얼굴이다.

지금 아파트 대단지 상가에는 수많은 개업공인중개사들이 입점해 있다. 매일매일 총성 없는 전쟁을 하고 있다. 부동산 중개는 우리의 일상에서도 계속 일어나는 일련의 행동이다.

점심을 먹으러 갔을 때도 식당 주인과 얘기를 하면서 물건을 받을 수 있다. 친구와 술자리에서도 친구 지인이 물건을 내놓거나 아파트 전세를 찾는다고 알아봐 달라고 할 수도 있다. 언제 어떤 경로로도 부동산 거래가 일어날 수 있기 때문에 항상 메모를 습관화해야 한다. 우리의 기억은 한계가 있기 때문이다.

내가 아는 부동산 Y 여자 소장님이 있다. 아직 30대 젊은 공인중개사다. 아직 결혼도 하지 않아서 왕성한 사회 활동도 하시고 작년부터 부동산 대학원에도 입학하여 공부를 하고 계신다. Y 여자 소장님은 부동산 사무실이 1층이 아닌 2층에 있다.

그리고 공동 사무실을 쓰기 때문에 손님이 간판을 보고 찾아오지 않는다. 거의 대부분이 인맥을 통해 계약을 성사시킨다. 어떤 모임에 참석을 해도 부동산 관련 물건이 나오면 메모를 한다. 그리고 찾는 손님이 있으면 메모를 통해 확인하고 다음 날 전화를 해서 정보를 알아낸다. 워낙 열심히 활동을 하고 싹싹하고 친절하기 때문에 많은 손님들이 Y소장을 믿고 신뢰한다.

나도 Y소장이랑 공동중개를 많이 했는데 일 처리가 빈틈이 없고 정확하다. 원래 Y소장은 처음에 부동산 입문을 경매로 시작했다. 경매 입찰 대리인으로부터 시작하여 물건을 분석하고 임장을 다니면서 부동산 보는 눈을 키웠다고 했다. 그리고 공인중개사 시험도 합격을 하고 지금은 경매 강의도 나가면서 하루가 다르게 성장하고 있다. 자기만의 길을 묵묵히 가고 있는 것이다.

지금 한국의 부동산 경기는 너무나 어렵다. 특히 주택 거래량이 작년도에 비해서 월등히 줄어들면서 중개업을 하는 개업공인중개사들의 시름이 깊어지고 있다. 우리나라 전체 경기가 좋지 않고 부동산 경기가 어렵기 때문에 상가 공실률도 엄청 증가하고 있다. 토지나 공장 등의 거래도 많이 어렵다고 한다.

그러나 이런 어려운 상황에서도 계약을 하는 공인중개사도 있다. 불황을 기회로 생각하면서 틈새시장을 노리는 중개사도 많다. IMF 때도 어려웠고 미국 경제위기 때도 어려웠다.

여러분은 세상 살면서 안 힘든 때가 있었는가? 문제는 내게 부동산 중개의 기회가 왔을 때 반드시 계약을 성공시켜야 한다. 1등을 해야 하는 것이다. 왜냐하면 계약에는 2등이 없기 때문이다.

★ 손님을 내 편으로 만드는 방법

1. 손님의 경조사는 반드시 참석한다.
2. 손님에게 자주 연락한다.(정보 공유)
3. 공인중개사는 친절해야 한다.

04.

계약이 계약을 낳는다
손님이 손님을 부른다

공인중개사는 손님에게 잔금 때뿐만 아니라 계약 때도 조그만 선물을 주어라!

'이사 오시느라 수고 많으셨습니다. 도와 드리지 못해 죄송합니다. 작은 성의지만 받아주시고 항상 건강하고 부자 되세요.' -자이로 부동산 드림-

이번에 아파트 잔금을 치른 매수자에게 보낸 화분에 적인 멘트다. 나는 계약이 마무리되는 잔금을 치르고 손님이 입주를 하면 선물을 보낸다. 그럼 손님들은 신경 써주어서 고맙다고 한다. 다음에 부동산을 매매할 때도 찾아올 가능성이 커진다. 그리고 계약을 할 때도 조그만 선물을 준다. 계약은 축제이기 때문이다. 물론 부동산 중개에서 어느 한쪽은 손해를 보게 된다.

양쪽 모두를 기분 좋게 원원하는 계약은 이 세상에 없다. 그렇기 때문에 감사하다는 의미로 선물을 한다. 손님에게 선물을 주면 계약 진행 과정에서 편한 경우가 많다. 왜냐하면 계약 후 기분 좋게 선물을 받고 돌아가기 때문이다. 계약서를 쓰고 보통 중도금과 잔금이 마무리되는 시기가 2~3달 정도 소요된다. 이때 계약 때 드린 조그만 선물이 힘을 발휘하는 것이다.

요즘 부동산 계약 한 건 하기가 참 어렵다. 한쪽이 양보를 했거나 다른 쪽이 타협적인 가격에 서로 합의를 했기 때문에 계약이 성사된 것이다. 아파트와 같이 시세가 정확한 부동산은 실거래가가 나오기 때문에 서로 합의한 대로 계약을 진행한다. 그러나 토지와 상가는 부동산 사무실에 앉아서 협상을 통해 매매 가격을 정하는 경우도 있기 때문에 어려운 협상을 해야 한다.

그리고 잔금을 치르고 이사를 나가는 매도인에게도 신경을 써야 한다. 사람의 인연은 언제 어떻게 다시 만날지 모르기 때문이다. 또한 집을 판 매도인이 이사 가야 할 집이 있는 경우는 다른 중개 가능성이 없다. 그런데 아직 집을 구하지 못하는 손님은 내가 직접 집을 구해 줄 수도 있다. 다른 지역이면 공동중개를 하면 된다. 그리고 이사를 갔다가 다시 돌아오는 손님은 잘 없지만 가끔 다시 오는 손님이 있을 수 있다. 세상일은 아무도 모르기 때문이다.

그리고 매수인은 또 다른 잠재 고객이다. 시간의 문제지 언젠가는 집을 팔든지 임대를 놓아야 한다. 그래서 잘 보여야 되기 때문에 이삿날 선물을 하는 것이다. 힘들게 이사를 하고 정신없는 가운데 부동산에서 축하선물이 오면 손님은 감동을 받게 된다. 부동산에 대한 고마움 때문에 집을 계약해 준 부동산을 꼭! 다시 찾게 된다.

계약이 계약으로 이어지는 3가지 이유

계약이 계약을 낳는 세 가지 이유는 다음과 같다.

첫째, 아파트의 경우 매도나 임대를 놓았으면 다른 집으로 이사를 가야 한다. 그러면 자연히 또 집을 구해야 되기 때문에 보통 매도와 매수가 동시에 일어난다. 특히 대단지 아파트의 경우 작은 평수에서 큰 평수로 이사를 가는 손님이 많다. 이런 손님은 공인중개사의 VIP 손님이다. 매도와 매수 중개를 동시에 진행할 수 있다. 상대 쪽의 부동산도 같이 계약 될 수 있기 때문에 1타 4피가 될 수 있다.

둘째, 상가주택이나 다가구 주택의 경우 임대차 계약을 쓰고 나면 주인과 친해질 수가 있다. 그러면 앞으로 나오는 임대차 계약을 계속 진행할 수 있는 우선권이 생기기 때문에 첫 거래가 중요하게 된다. 주인 입장에서는 잘하는 놈 떡 하나 더 주게 되는 것이다. 그래서 조그만 임대차 계약도 소홀히 해서는 안 된다.

셋째, 계약을 많이 하게 되면 계약 잘하는 부동산으로 소문이 나면서 많은 물건을 접수받을 수 있다. 부동산 소유자 입장에서는 어디서 계약을 하든지 잘하는 곳에 물건을 접수하고 싶기 때문이다. 그러면 계약을 할 수 있는 확률이 높아지게 된다. 누구나 1등은 있게 마련이다.

앞의 3가지 이유 말고도 수없이 많은 이유가 있을 수 있다.

나와 같은 아파트 단지에 부동산 중개업을 하는 K소장은 이곳에서 터줏대감으로 불린다. 입주할 때부터 10년 동안 아파트 단지 내 상가에서 중개업을 하고 계신다. 50대 초반의 여자 소장이시다. 대단지 아파트 주변 중개업소가 20개 정도나 있는데 항상 계약은 1등을 하신다. 나도 부러워서 죽을 지경이다. K소장은 입주 때부터 한곳에 계시다 보니 손님들이 누가 어디 살고 누가 어디로 이사 가는지를 다 알고 있다. 그리고 이번 달에 어떤 아파트가 전세가 만기가 되는지 매매가 나올 것인지를 컴퓨터처럼 다 외우고 있다.

부동산 경기가 한창 좋을 때는 한 달에 아파트 거래만 10건이 넘게 하신다. '어떻게 같은 조건에 같은 중개업을 하고 있는데 K소장은 아파트 거래를 많이 할까?'란 의문이 들었다. K소장의 사무실이 큰 것도 아니다. 오히려 제일 작은 사무실인데 어떻게 거래를 많이 할까? 나는 이런 사실을 최근에 깨닫게 되었다.

어느 날 K소장님이랑 점심을 먹었는데 내가 용기를 내어서 물어보았다. 그래서 K소장님이 거래를 많이 하는 이유를 알게 되었다. K소장은 이렇게 말씀하셨다. "새로운 손님을 내 손님으로 만드는 것은 어렵다. 그러나 나와 예전에 계약했던 손님들을 관리하고 노력하면 이 손님은 또 나를 찾아오게 되어 있다."라고 말이다. 평범해 보이지만 중개업에 있어서는 너무나 중요한 말이다. 기존의 손님을 놓치지 말라는 명언이다.

이렇듯 K소장님은 새로운 손님이 많이 와서 계약을 많이 한 것이 아니다. 기존의 입주민이 작은 평수에서 큰 평수로 또는 큰 평수에서 작은 평수로 이사를 가면서 중개를 많이 했기 때문에 계약을 많이 했던 것이다. 1,600세대 대단지 아파트에서 10%만 꽉 잡고 있어도 160세대가 넘기 때문에 단골고객을 많이 확보하고 있다.

그럼 사무실이 오래되었다고 무조건 손님이 계속 찾아올까? 그것은 아니다. 손님은 항상 떠날 준비를 한다. K소장처럼 명절에는 감사 문자를 보내고 집안 대소사에도 참석을 하면서 꾸준히 유대관계를 맺어야 한다. 그리고 부동산 정책이 발표되면 관련 정보도 문자를 보내는 서비스를 해야 한다. 그래야 손님도 여러분을 기억하고 다시 사무실에 찾아올 것이다. 손님을 내 손님으로 만드는 것은 어려워도 손님을 떠나보내는 것은 너무나 쉽기 때문이다.

그리고 공인중개사가 아파트 대단지에 중개사무소를 창업할 때 꼭! 알아야 되는 것이 있다. 교통, 학군, 환경 등의 입지가 너무 완벽한 단지는 나중에 중개할 때 중개 물건이 나오지 않아서 고생을 한다. 왜냐하면 너무 살기 좋은 곳이기 때문에 이사를 가지 않는다는 것이다. 손님이 단지 안으로 이사를 오려고 하는데 나가는 손님이 없기 때문에 물건이 없어서 거래를 할 수 없다. 부동산 중개는 가격이 오르고 내리는 것도 민감하지만 물건이 자꾸 나오고 손 바뀜이 많은 단지가 유리하다. 물건이 접수되어야 매매든 임대든 맞출 수가 있기 때문이다.

그리고 대단지 아파트 중에서 평수가 작은 소형 평형부터 대형 평형에 이르기까지 다양한 단지가 중개하기에는 안성맞춤이다. 신혼 때는 작은 평수에 살고 자식이 태어나거나 크면 큰 평수로 이사를 갈 수 있기 때문이다. 또 큰 평수에 살다가 자식들이 분가하고 나서 작은 평수로 이사를 갈 수 있기 때문이다. 사람들의 심리가 멀리 이사를 가려고 하지 않는다. 귀소본능처럼 살고 있는 동네를 벗어나지 않으려는 습성이 있다.

부동산 중개에 있어 이런 말이 있다. 좋은 물건은 좋은 손님을 부른다. 물건이 좋아야 손님이 찾아온다는 것이다. 물론 보통의 물건도 중개사가 화려한 입담으로 손님을 유인할 수도 있다. 그러나 한계가 있다. 요즘은 정보의 공유가 자유롭기 때문에 금방 손님이 알게 된다. 좋은 손님은 또 좋은 손님을 부르기 때문에 계약할 확률이 높아진다. 계약을 하면 또 계약이 계약을 낳기 때문에 계약을 많이 하는 부동산은 다 이유가 있다. 세상은 어디에서나 부익부 빈익빈이다.

★ 계약이 계약을 낳는 세 가지 이유

---

1. 주택의 경우 집을 팔면 다른 곳으로 이사 가야 한다.

2. 다가구 주택의 경우 임대차 계약 후 다른 물건을 접수받을 수 있다.

3. 계약 잘하는 부동산으로 소문이 나면 의뢰 물건이 늘어난다.

05.

수수료 깎아주는 게
서비스는 아니다

공인중개사는 집 한 번 보여주고 수수료를 받는 직업이 아니다. 그때부터 시작이다

우리나라에서 공인중개사들 빼고 모든 사람들이 중개수수료가 비싸다고 한다. 다들 중개업자가 하는 일에 비해 수수료가 비싸다고 입을 모은다. 왜냐하면 손님 입장에서는 집 한 번 안내하고 계약이 성사되면 수수료를 지급해야 하기 때문에 허탈해할 수 있다. 그러나 손님들은 한 번 안내로 모든 일이 끝났다고 생각한다. 우리는 그때부터 시작인데 말이다.

공인중개사는 가계약금 입금(계약금 중 일부)과 동시에 책임이 발생한다. 계약서 작성과 계약서 내용에 대한 법적 책임을 져야 한다. 그리고 계약 후 하자 발생에 대한 중재를 해야 한다.

혹시 공인중개사 잘못으로 손님들의 금전적인 손해에 대해서는 공제보험에서 다 해결해줄까? 아니다. 공제보험에서는 공인중개사에게 구상권을 행사하기 때문에 결국 공인중개사가 책임을 져야 한다. 공인중개사가 쉽게 돈을 버는 이면에는 법적 책임 한도가 크다는 것이다. 그리고 계약이 손님이 생각한 것처럼 자주 많이 발생하면 우리도 이해를 하겠지만 가뭄에 콩 나듯이 거래가 되기 때문에 먹고살기가 힘들다.

중개수수료가 외국의 경우는 어떨까? 먼저 가까운 일본은 매매 금액에 따라 3%~5%를 책정하고 있다. 미국은 매도인에게만 수수료를 받고 매수인에게는 수수료를 받지 않는다. 그러나 매도인에게 받는 수수료가 매매 금액의 4%~6%나 되기 때문에 우리의 사정과는 차이가 난다. 우리는 주택의 경우 0.4%~0.9%를 받기 때문이다. 프랑스는 7%~10% 가이드라인으로 되어 있다. 물론 외국은 거래가 잘 일어나지 않기 때문에 중개수수료에 대한 저항이 크지 않은 것 같다. 우리나라는 세계 유일하게 전세 제도가 있어서 전세와 월세에 대한 거래도 발생하기 때문에 외국보다는 거래가 많이 일어난다.

공인중개사 자격증은 대표적인 노후 대비 자격증이다. 정년 없이 일할 수 있다는 이유로 직장 생활 하루하루가 위태로운 많은 직장인들이 공인중개사 시험에 도전하고 있다. 요즘은 인터넷 강의도 시스템이 많이 좋아져서 굳이 학원을 가지 않아도 공부를 할 수 있다.

부동산 업계에 따르면 올해 공인중개사 시험에 도전한 사람만 약 40만 명쯤 된다. 이 가운데 합격자는 2~3만 명씩 배출된다. 과거 공인중개사 시험은 정년 퇴임 후 노후를 위한 자격증이었다.

그러나 취득 연령층이 40대에서 30대가 주를 이룬 것을 고려하면 시험 준비생들의 연령대가 낮아지고 있다. 왜냐하면 젊은 층의 일자리가 줄어들어 취업이 어렵기 때문이다. 그리고 경제 불황과 세계 경기 둔화가 지속되면서 더욱 취업이 어려워졌다. 대한민국 땅에서 일자리를 찾지 못한 많은 젊은이들이 공인중개사 시험에 몰두하고 있는 결과다.

이에 공인중개사 자격증의 가치는 날이 갈수록 떨어지고 있다. 운전면허증 다음으로 가장 많이 가진 자격증이 공인중개사란 얘기가 많다.

부동산 중개업은 하루하루 오지 않는 손님을 위해 창살 없는 감옥에서 치열한 경쟁을 하고 있다. 부동산 중개 거래를 통해 원하는 수익을 올리는 개업공인중개사는 10~20% 미만이다. 이는 나머지 80%의 공인중개사들이 현상 유지만 겨우 하는 수준이다. 한 달 임대료와 관리비도 감당 못 하는 부동산 중개업소도 너무 많다. 특히 요즘같이 부동산 경기가 좋지 않아 거래가 실종되면 수익이 없는 공인중개사도 많다.

이런 속사정을 일반 사람들은 잘 모른다. 그렇다고 우리가 공인중개사로서 역할이 중요하지 중개수수료에 대한 스트레스까지 받을 필요는 없다. 그러나 한 해에도 중개수수료에 대한 분쟁이 끊임없이 발생하고 있다. 주로 법정 중개수수료에 대한 입장이 다르기 때문이다. 중개수수료 요율표에 보면 〈1천분의 ( )이내 또는 협의〉라고 되어 있다.

이런 애매한 문구가 중개수수료 분쟁의 씨앗이 된다. 보통 중개를 하면 계약의 불확실성 때문에 중개수수료에 대한 정확한 얘기를 하기가 어렵다. 그리고 계약도 되지 않았는데 수수료부터 이야기를 꺼내면 서로 불편하기 때문에 조심을 하는 경우가 많다.

그럼 대부분 부동산 계약이 성사되고 잔금까지 마무리가 되는 시점에 중개수수료 문제가 발생한다. 왜냐하면 공인중개사는 수수료를 법정수수료 최대치를 받으려고 하고 손님은 적게 주려고 하기 때문이다. 중개수수료 요율표도 〈~이내 또는 협의〉이기 때문에 협의를 어떻게 할지 참 어려운 문제다. 차라리 식당 가격표처럼 법정 요율을 정해 〈1천 분의 ( )〉으로 고정시키면 분쟁이 줄어들 것이라고 본다.

이런 중개수수료 문제는 공인중개사 자격증이 없는 무자격 분들 때문에 발생하기도 한다. 그분들은 손님에게 무차별적으로 중개수수료를 깎아주면서 중개 시장의 질서를 흩트리고 있다. 공인중개사 수수료도 다른 금액처럼 정찰제로 받는 그날이 하루빨리 왔으면 좋겠다. 우리가 중국집에 가서 짜장면 한 그릇을 먹고 6,000원 이하에서 협의라고 하면 말이 되겠는가? 앞으로 잔금 하는 날이 매도인, 매수인, 공인중개사에게 행복한 날이 되었으면 좋겠다.

공인중개사가 중개수수료를 잘 받는 3가지 방법

손님에게 중개수수료를 잘 받기 위해서는 공인중개사들의 노력도 중요하다. 손님들은 항상 공인중개사의 중개수수료는 비싸다고 생각하기 때문이다. 그래서 '손님에게 비싸지 않고 충분히 비용을 낼 수 있는 수수료다.'라는 믿음과 신뢰를 줘야 한다. 그리고 중개가 끝날 때까지 최선을 다해야 한다.

그럼 공인중개사가 수수료를 잘 받는 3가지 방법에 대해서 말하겠다.

첫째, 계약할 때 조그만 선물을 준비한다. 보통 공인중개사들은 잔금 때 중개수수료를 받으면 선물을 주는 중개인들이 많다. 물론 잔금 때도 챙겨야 하지만 계약 때 조그만 선물을 주면 1석 2조의 효과가 발생한다. 먼저 계약할 때 선물을 받은 손님들은 기분이 좋기 때문에 좋은 마음으로 집에 돌아간다. 그리고 계약 후 잔금까지 중간의 협의 과정을 조금 부드럽게 진행할 수 있다. 기분 좋은 마음이 계속 남아 있기 때문이다.

둘째, 잔금 치를 때까지 관리를 철저히 해야 한다. 특히 중간에 서로 협의를 해야 되는 부분이 이사 문제, 잔금 날짜와 시간 등에 관한 협의를 봐야 한다. 이때 최선을 다해서 각자의 편에서 손님의 입장을 들어줘야 한다. 그리고 이사하는 데 불편이 없도록 소개와 주의 사항 등에 관한 전달 사항도 설명해야 한다. 즉 '계약이 끝나도 잔금 때까지 계속 관심을 주고 있구나.'라는 생각을 손님에게 심어줘야 한다. 나중에 '공인중개사가 한 일이 뭐 있나?'라는 소리를 들으면 안 되기 때문이다.

셋째, 잔금 끝나고 세금 관련 서비스를 해준다. 잔금이 끝나고 마무리가 되면 매도인은 양도소득세에 대한 신고와 방법을 설명해줘야 한다. 시간이 되면 세무서에 같이 신고를 도와줘도 된다. 매수인은 다음 매매 시기의 비과세 부분과 일시적 1가구 2주택의 조건 등에 대한 정보를 주면서 신뢰를 줘야 한다. 그럼 중개수수료를 잘 받을 수 있다. 여러분이 손님에게 노력한 만큼 다 돌아오게 된다.

아직도 많은 공인중개사들은 수수료를 깎아주는 게 서비스라고 생각한다. 그래서 수수료를 깎아줘야 다음에 다시 손님이 찾아올 수 있다는 환상에 빠져 있다.

물론 돈에 민감한 손님은 효과가 있을 수 있다. 그러나 공인중개사 입장에서는 한번 수수료를 깎아주기 시작하면 결국 제 살 깎는 효과밖에 없다. 정당하게 일을 하고 정당하게 보수를 받는 일은 당연한 것이다. 부동산 중개업에서만 예외가 될 수는 없다.

중개수수료 깎아주는 게 서비스는 아니다.

★ 공인중개사가 수수료를 잘 받는 3가지 방법

---

1. 계약할 때 조그만 선물을 한다.

2. 잔금 치를 때까지 관리를 철저히 한다.

3. 잔금 후 세금 관련 서비스를 해준다.

06.

중개업의 꽃은
가계약금이다

중개업은 가계약 상태에서 본 계약으로 진행하는 일련의 과정이다

중개업을 운영하면서 가장 기분이 좋을 때는 중개수수료를 받는 일이다. 직장인으로 치면 월급날이기 때문이다. 잔금이 잘 마무리가 되고 계약에 대한 마무리가 되면 거래한 손님에게 중개수수료를 받게 된다.

아파트의 경우 매매 금액에 따라 0.4~0.7%까지 받을 수 있다. 거래 금액에 따라 차등 지급을 하기 때문에 매매 금액에 따라 수수료율이 세분화되어 있다. 그러나 상가나 토지 등의 계약에 있어서는 일괄적으로 0.9%가

적용된다. 그래서 손님 입장에서는 항상 중개수수료를 깎으려고 한다.

이런 점은 계약을 진행하면서 충분히 합의를 보면 되지만 현장에서는 그렇게 하기가 쉽지 않다. 왜냐하면 상가나 토지 계약이 될지 안 될지 정확하게 파악하기가 어렵다. 그런데 계약도 하지 않은 상태에서 중개수수료 얘기를 하기가 서로 불편하기 때문이다. 그리고 요즘은 손님들 중 일부는 일부러 중개수수료를 늦게 주거나 안 주는 경우도 현장에서 많이 발생한다.

열심히 일을 하고 보수를 받지 못하는 것만큼 억울한 일도 없을 것이다. 그럴 경우는 보통 공인중개사들은 벙어리 냉가슴 앓듯이 혼자 고민하고 스트레스를 받게 된다. 그러나 절대 그렇게 하면 안 된다. 당당하게 내용증명을 보내거나 법적인 부분으로 해결해야 한다. 대법원 판례도 이런 경우 거의 대부분이 공인중개사 손을 들어줬다.

나는 부동산 중개를 하면서 사실 중개수수료 받을 때보다 계약금 중 일부인 가계약금을 받을 때가 가장 스릴 있다. 왜냐하면 손님이 가계약금을 입금해야지 본계약을 진행할 수 있기 때문이다. 구두로 백번 손님이 사겠다고 해도 먼저 가계약금을 입금하는 사람이 계약에 우선권을 가지게 된다.

그래서 대부분의 계약은 가계약금을 먼저 받고 원하는 계약 날짜를 잡아서 본계약을 진행한다. 가계약금이 입금되면 반은 성공했다고 보면 된다.

가장 긴장되고 스릴 있는 순간이라고 생각한다. 어쩌면 가계약금 입금 순간이 중개업의 꽃이라고 할 수 있다.

물론 가계약이 본 계약으로 100% 이어지지 않는다. 왜냐하면 매도·매수인 또는 임대·임차인의 변심이 일어나기 때문이다. 가계약금이 입금되면 양쪽의 입장이 달라진다.

'한쪽은 너무 비싸게 산 건 아닐까?', '다른 쪽은 너무 싸게 판 건 아닐까?'란 생각으로 잘 사고, 잘 팔고 나서도 후회가 남는 게 사실이다. 그리고 공인중개사 입장에서는 일단 본 계약서를 작성해야지 중개수수료 청구권이 생기기 때문에 반드시 본 계약으로 진행을 시켜야 한다.

이것을 잘하는 공인중개사가 베테랑 공인중개사가 된다. 그런데 주변에 많은 공인중개사들은 가계약금을 받은 상태에서 계약이 깨지는 경우가 비일비재하다. 열심히 안내하고 뛰어다니면서 중개를 했는데 가계약 상태에서 본 계약으로 이어지지 않으면 그만큼 허탈한 것이 없다. 참! 힘이 빠진다.

내가 아는 공인중개사 소장 중 이제 막 중개업을 시작한 L소장은 딱 보기에도 남자치곤 왜소해 보이는 체형을 가졌다. 말도 여성스럽게 작고 목소리에 힘도 없다. 그런데 정말 열심히 돌아다니고 손님을 안내하고 최선을 다한다. 그래서 손님이 사무실에 많이 찾아오고 항상 바쁘게 생활한다.

그런데 계약하는 것을 보면 생각보다 많이 하지 못한다.

나는 궁금해서 L소장에게 물어봤다. "소장님은 정말 열심히 중개를 하시는데 계약은 한 달에 몇 건을 하십니까?" L소장이 힘없이 말했다. "사실 가계약은 많이 하는 것 같은데 가계약 상태에서 깨지는 경우가 많습니다. 이번 달에도 벌써 2건이나 계약이 깨졌습니다."

나는 무척 궁금했다. '가계약 상태에서 계약이 자주 깨지는 이유가 무엇일까?'라는 고민을 했다. 내가 L 소장과 30분 정도 담소를 나누다 보니 그 이유를 알 수 있었다.

L소장이 가계약 상태에서 본 계약을 하지 못하는 이유는 몇 가지가 있었다. L소장의 사무실 주변 환경은 아파트와 오래된 주택 등의 소형 저가 주택이 많아서 주로 그런 쪽을 중개를 한다. 그래서 가계약금을 너무 적게 입금을 시켰다. 가계약금은 손님이 이것을 포기하면 재산상의 손해를 조금은 생길 정도의 금액을 입금해야 한다. 그리고 가계약 날짜와 본 계약 날짜를 너무 길게 잡은 것도 하나의 이유가 될 것 같았다.

공인중개사가 가계약금을 받고 본 계약으로 잘 진행하는 3가지 방법

그럼 공인중개사가 가계약금을 받고 본 계약으로 잘 진행하는 3가지 방법에 대한 노하우를 공개하겠다.

첫째, 가계약금을 최대한 많이 받아야 한다. 손님이 딴생각을 하지 못할 정도의 계약금 중 일부를 받아야 본 계약으로 이어질 가능성이 크다. 보통 가계약금은 통상적으로 매매 또는 임대 보증금의 1% 선이다. 그러나 지역마다 중개사마다 다 다르다. 보통 앞 단위가 홀수를 선호한다. 짝수는 거의 하지 않는다. 예를 들면 100만 원, 300만 원, 500만 원식으로 말이다. 우리나라 사람들의 홀수 사랑이 크다. 아무튼 최대한 가계약금을 많이 입금시켜야 한다.

둘째, 가계약일과 본 계약일의 틈을 많이 주지 않는다. 손님이 매도인이냐 매수인이냐에 따라 입장이 서로 다르다. 매도인은 집을 너무 싸게 판 것 같고, 반대로 매수인은 집을 너무 비싸게 산 것 같은 느낌은 어쩔 수가 없다. 남의 떡이 더 크게 보이는 법이다. 항상 부동산 중개는 아쉬움이 남는 행위이기 때문이다. 그래서 손님에게 많은 생각할 시간을 줘서는 안 된다. 보통 가계약금 입금 후 일주일 안으로 본 계약을 하는 것이 일반적이다. 보통 3~5일 안으로 본 계약을 진행해야 한다. 특히 부동산 경기의 변동이 많은 시기에는 더욱 조심해야 한다. 자고 일어나면 시세가 바뀌기 때문에 언제 계약이 틀어질지 모른다.

셋째, 가계약금 후 본 계약 전까지 관리를 철저히 한다. 예를 들어 가계약금이 입금되면 바로 계약 관련 내용 문자를 확실히 보내야 한다. 거래 물건, 날짜, 가계약금 금액, 거래 당사자 이름, 본 계약 날짜를 명시한 문자를 각각 보내야 한다. 요즘 대법원 판례에서는 문자의 내용도 참작이 되기 때문에 법적인 효력이 발생한다. 그리고 본 계약까지 손님들의 넋두리를 잘 받아줘야 한다. 손님들은 가계약을 하고 나면 항상 손해를 본 느낌이 크기 때문이다.

공인중개사의 직업은 손님에게 설명하는 자리가 아니라 설득하는 자리다. 설득해서 계약으로 진행되어야 돈을 벌 수 있는 직업이다. 설명은 누구보다도 잘하는데 손님이 기분 좋게 사무실을 나가시게 해서는 돈을 벌 수 없다.

일단은 가계약금을 받는 것이 1차 계약 진행이 된다. 그리고 본 계약서를 작성하는 것이 2차 계약 진행이 된다. 마지막으로 잔금 및 소유권 이전이 3차 계약 마무리가 되는 것이다. 중개업은 1차, 2차, 3차까지 긴장의 연속이다. 어느 하나 소홀히 다룰 수가 없다.

우스운 말로 공인중개사는 누구나 약을 좋아한다. 약을 먹어야 힘이 난다. 바로 '계약' 말이다. 중개의 가장 하이라이트는 가계약금을 받는 것이다. 가계약금이 입금되어야 본 계약을 진행할 수 있기 때문이다.

가계약에서 본 계약으로 잘 진행되기 위해서는 첫째, 가계약금을 최대한 많이 받아야 한다.

둘째, 가계약일과 본 계약일의 기간을 최대한 빨리 잡아야 한다.

셋째, 가계약일에서 본 계약일까지 관리를 철저히 해야 한다. 누구나 조금만 노력하면 베테랑 공인중개사가 될 수 있다.

★ 공인중개사가 가계약금을 받고 본 계약으로 잘 진행하는 3가지 노하우

---

1. 가계약금을 최대한 많이 받는다.

2. 본 계약까지 틈을 많이 주지 않는다.

3. 본 계약까지 철저히 관리한다.

07.

부동산
중개의 맛

부동산 중개에서는 20:80의 법칙이 적용된다

젊었을 때 연애를 많이 해본 사람이 남녀 간의 심리도 잘 알고 연애의 맛도 안다. 고기도 먹어본 사람이 또 먹게 되고 잘 먹게 된다. 여행도 여행을 가본 사람이 다른 여행지도 찾게 된다. 부동산 계약도 계약을 많이 해본 사람이 또 계약할 확률이 높다.

부동산 중개에 있어서도 마찬가지다. 20대 80의 법칙이 적용된다. 20%의 개업공인중개사가 계약의 80%를 독차지한다. 계약은 또 다른 계약을 부르기 때문에 계약을 많이 하는 개업공인중개사가 중개의 맛을 안다. 누구나 공평하게 계약을 하면 서로 행복하고 불평이 없을 것이다. 그러나 자본주의 사회에서는 어느 분야나 경쟁이 있다. 치열한 경쟁에서 살아남은 사람만 성공할 수 있다.

　공인중개사는 부동산 계약의 확률을 높이기 위해서는 선택과 집중을 잘 해야 한다. 나랑 안 맞은 물건은 빨리 포기할 줄도 알아야 한다. 그리고 내가 쌍방을 다 거래하기 위해 너무 욕심을 부리면 두 마리 토끼를 다 놓칠수가 있다. 이런 일은 중개업 현장에서 비일비재하게 자주 일어나고 있다.

　부동산 중개업을 하다 보면 좋은 물건을 손님에게 여러 번을 보여줬는데도 이상하게 계약으로 연결되지 않는 경험을 누구나 한 번씩은 있었을 것이다. 마땅한 물건을 찾을 수 없어서 고민하던 중, 어느 날 갑자기 손님의 마음에 쏙 드는 물건이 접수되면 중개업자는 망설임 없이 바로 이런 물건을 찾는 자신의 손님에게 전화를 하게 된다. 보통 공인중개사들은 자신에게 우호적인 손님을 서너 명은 확보하고 있다. 그런 분들의 연락처는 보통 핸드폰에 저장되어 있다. 그래서 이들에게 최대한 빨리 부동산 사무실로 방문하도록 한 다음 그 물건을 안내해준다.

　남들보다 빨리 움직이지 않으면 아무래도 다른 부동산에게 며칠 내로 매매될 것 같은 물건이기 때문이다. 그러나 자신의 손님에게 보여주고 설득을 해도 선뜻 계약을 하려고 하지 않으면 마음이 더 급해진다. 다른 곳에서 계약할까 봐 조바심이 들게 마련이다. 세 명의 손님에게 보여줘도 별 반응이 없으면 몇 명의 손님을 더 찾아서 보여주게 된다. 하지만 몇 명의 손님에게 안내를 해보았지만 계약으로 이루어지지 않는다면 이럴 때는 미련 없이 포기하는 것도 하나의 방법이다. 이 물건에 너무 올인을 하게 되면 다른 물건에 소홀해지기 때문에 더 많은 기회비용이 날아가게 된다.

이런 물건을 계속 중개해봤자 계약으로 성사시킬 확률은 거의 없다고 생각한다. 이 물건은 나와 맞지 않는 물건이기 때문이다. 부동산 중개업자 입장에서 봤을 때는 아주 좋은 물건임에 틀림없다. 하지만 그 물건이 자신과 맞지 않는 물건도 있다는 것을 알아야 한다.

계약은 사람과 물건 그리고 타이밍이 맞아야 성립된다

중개사와 손님과의 궁합도 중요하다. 중개를 진행하다 보면 이상하게 정이 가는 손님이 있다. 큰 물건은 아니지만 내가 꼭 매매를 해야 되겠다는 의지가 강해지는 손님도 있다. 그리고 내가 생각하는 방향과 손님의 생각이 일치하면서 금방 서로의 호감이 생기는 손님이 있다.

그러나 반대로 정말 맞지 않은 손님도 있다. 그런 경우는 과감하게 포기할 줄도 알아야 한다. 왜냐하면 나와 안 맞는 거는 아무리 해도 안 맞기 때문이다. 이것에 미련을 두고 계속 진행하다 보면 결국에는 계약은 하지 못하고 부동산 이미지만 나빠질 수 있다.

또는 나랑 안 맞는 물건과 손님을 계약시키기 위해서는 더 많은 노력과 시간이 필요하다는 것이다. 그러나 그동안 다른 일을 더 할 수 있는데 이것 하나에 얽매여 몇 개의 계약을 날려버릴 수 있다는 것도 잊어서는 안 된다. 부동산 중개는 어떻게 보면 운도 많이 따라야 계약이 성사되는 경우가 많다. 세상만사가 대부분 운칠기삼인 경우가 많다. 그래서 좋은 물건이 있더라도 세 번 정도만 안내를 해보고 계약이 안 되면 내 물건이 아니라고 포기하는 것도 중개의 기술이다. 왜냐하면 세상에는 중개를 해야 될 물건이 너무나도 많기 때문이다.

아니면 욕심을 버리고 공동중개를 하면 된다. 내 손님 중에는 계약할 사람이 없지만 다른 중개사 손님 중에는 있을 수도 있기 때문이다. 나는 보통 좋은 물건이 접수가 되면 내가 아는 공인중개사 중 이런 물건을 거래를 많이 해본 중개사들에게 물건을 공유해버린다. 내 사무실은 아파트 앞에 있어 상가 찾는 손님이 많이 없지만 상가 중개를 전문으로 하는 다른 공인중개사들은 손님이 많기 때문이다. 이때 너무 많은 중개사에게 물건을 공유하게 되면 물건이 날아갈 수 있다. 발 없는 말이 천 리를 가기 때문에 금방 물건이 퍼지게 된다.

이처럼 좋은 물건이 접수되면 내가 다 하겠다는 욕심을 버리고 확률이 높은 다른 부동산에 공유해버리는 것이 제일 좋은 방법이다. 괜히 혼자 하려고 욕심부려봤자 부동산 사무실이 한두 군데도 아닌데 결국 놓쳐버리고 후회하게 된다. 결론은 나하고는 맞지 않은 물건도 다른 사람하고는 맞는 경우가 있다는 말이다. 계약은 사람과 물건, 타이밍이 맞아야 이루어지는 것이다. 어느 하나 안 맞으면 성사되기 어렵다.

주변에 계약을 많이 하는 공인중개사를 보면 선택과 집중을 잘하는 중개사들이 많다. 이 물건은 내가 팔 수 있는 물건인지 아니면 공동중개를 빨리 진행해야 하는 물건인지를 정확하게 파악한다. 부동산 중개는 시간이 중요하다. '누가 먼저 계약서를 쓰느냐?'의 싸움이기 때문에 공인중개사의 빠른 판단과 결단력이 너무나 중요하다. 그리고 모든 물건을 다 내가 하겠다는 욕심보다는 선택과 집중을 통해 계약 확률을 높여나가야 한다. 중개의 맛은 중개를 많이 하는 공인중개사만이 알고 있다. 여러분도 하루빨리 중개의 맛을 보기 바란다.

08.

잘나가는 공인중개사의
8가지 비밀 노트

중개업 창업 전 실무 과정의 경험과 공부는 매우 중요하다

지금 부동산 중개업 시장은 치열한 경쟁 속에서 앞을 내다보지 못한 안개 낀 산을 오르는 것 같은 심정이다. 부동산 경기가 나빠지면서 전국적으로 거래가 많이 줄어들었다. 그리고 부산·경남 대구를 중심으로 미분양 물건이 늘어나면서 지역사회에 많은 부담을 주고 있다. 이런 어려운 환경 속에서도 공인중개사 자격증을 따려고 하는 수험생이 매년 40만 명이나 된다고 하니 '풍요 속에 빈곤'이란 말이 딱 맞는 말 같다. 그리고 매년 공인중개사 최종 합격자가 2~3만 명 추가가 되기 때문에 몇 년만 지나면 전국

공인중개사 50만 시대가 될 날도 얼마 남지 않았다. 공인중개사만 모아도 공인중개사 소도시는 만들 수 있는 규모이니 대단한 숫자라고 할 수 있다.

그러나 공인중개사의 양적 확대는 계속 이루어지고 있는 반면 사회적 위치나 대우는 계속 낮아지고 있다. 워낙 많은 공인중개사가 있기 때문에 중개사에 대한 희소가치가 크지 않다. 그리고 일부 개념 없는 공인중개사로 인해 부동산 거래 질서를 위협하는 행위들이 곳곳에서 일어나고 있다. 일부 공인중개사의 일탈로 모든 공인중개사가 욕을 먹는 풍토는 하루빨리 개선되었으면 좋겠다.

주변에 많은 공인중개사들은 보면 잘나가는 공인중개사, 즉 계약을 많이 하는 공인중개사와 계약을 못 하는 공인중개사로 나눌 수 있다. 어느 사무실은 손님이 부쩍부쩍 많은데 다른 부동산은 파리만 날리는 곳도 있다. 특히 공인중개사 시험에 합격하고 창업을 하려고 하는 예비 창업자들은 창업을 하기 전에 수많은 생각으로 고민을 하게 된다.

첫째, 내가 어디에 부동산 사무실을 오픈할까? 둘째, 내가 지금 창업해도 성공할 수 있을까? 셋째, 손님이 물어보면 설명은 잘할 수 있을까? 넷째, 사무실 오픈을 하면 무엇을 해야 하며 어떤 준비를 해야 할까? 다섯째, 부동산 중개는 어떻게 해야 하며 안내는 어떻게 해야 할까? 등등의 질문은 수십 가지가 나올 수 있다. 물론 첫술에 배부를 수가 없다. 수많은 시행착오와 경험이 성공하는 공인중개사의 지름길이다. 이것은 하루아침에 이루어질 수 없다.

내가 처음 사무실 개업해서 첫 계약서를 쓸 때의 에피소드를 하나 소개하겠다. 개업공인중개사 소장이라면 첫 계약의 설렘과 부담은 누구나 겪게 되는 추억이다. 나도 부동산 소장으로서 처음 계약을 아파트 공동중개를 했다. 내가 집을 파는 매도인 쪽 공인중개사고 상대 부동산이 매수인 쪽 공인중개사였다. 보통 공동중개의 경우 매도 쪽 공인중개사 사무실에서 중개 계약을 진행한다. 이것은 편의상 매도 쪽 부동산 근처에 물건이 있기 때문에 현장 확인이 편하기 때문이다. 나는 첫 계약 하루 전 잠을 이루지 못했다. 왜냐하면 두렵고 떨렸기 때문이다.

'내가 잘할 수 있을까? 혹시 실수하면 어떡하지?' 등의 생각으로 잠을 이루지 못했다. 계약서는 며칠 전부터 써놓은 것을 몇 번이고 봐서 이제는 외울 지경까지 되었다. 드디어 계약 날이 되어 매도인 매수인이 나의 사무실에 와서 계약이 시작되었다. 그러나 평생 잊지 못하는 첫 계약의 해프닝은 계약이 마무리될 때 터지고 말았다.

보통 계약서를 작성하고 중개확인설명서까지 설명이 끝나면 공제증서를 서로 배부하게 된다. 이것은 중개 과정에 있어서 공인중개사의 과실로 손님의 재산상의 손해를 입혔을 때를 대비해서 중개협회에서 매년 가입해야 되는 공제증서인 것이다. 그래서 보통 계약이 끝나고 나면 파일에 공제증서를 넣어주면 된다. 그런데 나는 그것도 모르고 공제증서를 복사도 하지 않고 사무실 벽에 걸어두고 말았다. 상대편 공인중개사가 공제증서를 달라고 하는데 나는 그것을 몰랐기 때문에 황당한 일이 벌어진 것이었다. 손님에게 너무나 부끄러워서 얼굴이 빨개졌다. 결국 벽에 걸린 공제증서를 빼서 복사하고 전달하면서 사건은 마무리가 되었던 것이다. 요즘은 한방사이트에서 언제든지 인쇄를 하면 바로 출력을 할 수 있지만 그때는 그런 시스템이 없었기 때문에 일어난 해프닝이었다.

이렇듯 공인중개사 업무는 시험공부를 하면서 체득되는 것이 아닌 실제 경험을 통해 배워야 한다. 그렇기 때문에 중개업 창업 전 실무 과정의 경험과 공부는 매우 중요하다고 하겠다.

실전에서 써먹는 성공하는 공인중개사의 비밀 노트 8가지

그럼 돈 잘 버는 공인중개사의 8가지 비밀 노트를 공개하겠다.

첫째, 계약이 마무리되는 잔금 때 선물을 주지 말고 계약 때 조금만 선물을 주어라! 많은 공인중개사들은 계약이 마무리되는 잔금 때 선물을 한다. 수수료를 받고 선물을 하는 것이다. 물론 잔금 때도 감사하다는 표시를 해야 한다. 그래야 다음에 또 계약을 할 수 있기 때문이다. 그러나 더 중요한 것은 계약 때 조그만 성의를 표시하면 계약 진행 과정에서 좀 더 편하게 중개를 할 수 있다. 선물은 사람의 마음을 따뜻하게 하기 때문이다. 계약을 잘하는 공인중개사는 손님에게 줄 선물을 항상 준비하고 있다.

둘째, 간판에 자신의 얼굴을 넣어라! 이렇게 말하면 '공인중개사가 돼지국밥집도 아니고 무슨 얼굴을 팔아야 되느냐?'라고 반문할 수 있을지 모르나, 중개업만큼 손님과의 신뢰가 중요한 직업도 없는 것 같다. 세상 살면서 가장 비싼 거래라고 할 수 있는 부동산을 아무에게나 맡길 수는 없기 때문이다. 간판에 사진이 들어가면 손님에게 신뢰를 줄 수 있다. 자신의 얼굴과 이력이 들어가는데 책임감이 없을 수가 없기 때문이다.

그리고 중개업을 기존에 하고 계시는 소장님은 간판이 오래되었으면 교체를 해야 한다. 간판은 손님들이 가장 먼저 만나는 사무실을 대표하는 것이다.

보통 간판 한 지 5년이 지나면 세월의 흔적으로 빛이 바래거나 글자가 희미해지기 때문에 천갈이를 통해 새롭게 태어나야 한다. 깨끗한 간판은 손님의 호기심도 유발하는 효과가 있어 손님의 집객 효과도 있다.

셋째, 사무실에 TV를 설치하자! 계약을 많이 하는 공인중개사 사무실에 가면 대형 TV를 쉽게 볼 수 있다. 이것은 뉴스를 보기 위해서가 아니라 계약서를 쓸 때 좀 더 신속 정확하게 계약을 진행하기 위해서다. 보통 손님이 앉는 자리와 소장들의 컴퓨터 책상이 떨어져 있는 경우가 많아 계약 시 어려움이 많다. 그래서 TV를 설치하여 컴퓨터와 연결을 하면 서로 같은 계약서를 보면서 진행을 할 수 있다. 그리고 손님에게 틀린 부분을 바로 고치면서 진행하기 때문에 실수도 줄어들게 된다. 무엇보다도 손님들이 다른 부동산과 다른 시스템에 더욱 좋아하신다.

넷째, 물건 접수 시 적극적으로 임한다. 보통 중개사들이 물건을 접수하는 손님이 오면 물건 접수를 받고 노트에 적기만 한다. 그럼 그 손님은 다른 부동산 사무실에 물건을 접수하러 가게 된다. 그래서 손님이 물건 접수 때문에 사무실에 오면 접수를 한 후 바로 현장 확인을 위해 손님과 같이 방문해야 한다. 그러면 손님은 다른 부동산에 가지 않는 효과가 나타나고 열심히 하는 부동산이라고 생각한다. 일석이조의 효과가 있다. 그럴 때 센스 있는 소장님은 물티슈와 같은 작은 선물을 가져간다. 당연히 물티슈에는 부동산 상호가 들어가 있다. 손님이 좋아하지 않을 수 없다.

다섯째, 명함을 만들 때는 혼을 넣어야 한다. 공인중개사의 명함은 중개사의 얼굴과 같다. 여러분의 얼굴을 함부로 꾸밀 수는 없다. 사진은 기본으로 넣어야 한다. 손님이 가지고 있는 많은 명함 중에서 여러분 사진을 보고 연락이 올 수 있기 때문이다. 그리고 한눈에 명함이 들어와야 한다. 요즘 캐리커쳐 사진도 명함에 많이 넣는데 내 경험으로는 실제 사진이 더 효과적이다. 그리고 연락처와 주소뿐만 아니라 블로그와 카페 등의 SNS 주소도 함께 넣어서 홍보를 해야 한다.

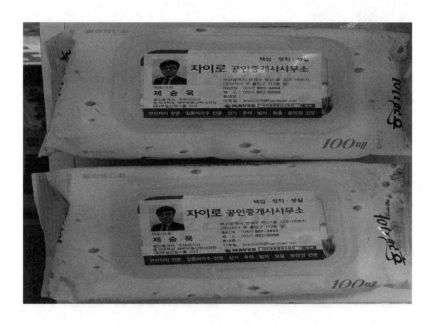

여섯째, 손님과 중개사의 공통분모를 찾아라! 매수나 임차인 손님이 사무실에 방문했을 때 중개사는 먼저 어떤 용무인지를 파악한다. 그리고 물건에 대한 파악이 끝나고 나면 중개사는 손님과의 공통분모를 찾기 위해 노력해야 한다. 공통분모를 빨리 찾아야 친해질 수가 있다. 손님 마음의 문을 열 수가 있다. 예를 들면 학연, 지연 등을 통해 공통분모를 확인해야 한다. 그리고 애기 엄마면 애기에 대한 이야기를 하면서 친해져야 한다. 종교가 같으면 종교 얘기를 하면서 마음을 풀어주어야 한다. 사람은 누구나 자기의 입장을 이해해주고 공통점이 있는 사람에게 끌리는 법이다.

책임 · 정직 · 성실

자이로 공인중개사사무소

부산광역시 연제구 연산1동 325-16번지
(연산자이 부 출입구 113동 앞)
대표전화 : (051) 851-3434
팩 스 : (051) 851-0058
이메일 : jew2005@hanmail.net

부동산학 박사/대표
제 승 욱

연산자이 전문 | 일동미라주 전문 | 상가 | 주택 | 빌라 | 원룸 | 분양권 전문

등록번호 : 제26470-2015-00113호

◆ 동의대 부동산대학원 겸임교수
◆ 부산대 평생교육원 부동산 재테크 외래교수
◆ 부경대 평생교육원 부동산 재테크 외래교수

Daum 제승욱 [검색]   NAVER 제승욱 [검색]

계좌번호 : 우리은행 1002-933-079536 (예금주 : 제승욱)

일곱째, 사람의 첫인상은 3초면 결정된다. 첫 단추는 공인중개사의 첫인상이다. 얼굴에서 보이는 인상도 중요하지만 패션 또한 첫인상에 적지 않은 영향을 준다. 예전에 공인중개사 선배님들은 정장을 입으라고 강조하셨다. 그러나 요즘은 시대가 변했다. 편한 캐주얼식으로 입어도 상관없다. 그러나 깔끔하게 입어야 한다. 헤어스타일도 지저분한 것보다는 손질된 단정한 느낌이 좋다. 여자 소장님들은 어두운 색보다는 밝은 색의 옷이 손님들의 마음을 더 밝게 만들 수 있다. 얼굴은 바꿀 수 없지만 패션은 노력에 따라 얼마든지 바꿀 수 있다.

여덟째, 인터넷을 활용한 부동산 중개 마케팅을 최대한 활용하고 핸드폰 문자 서비스를 활용하자. 지금 중개업 시장은 '스마트폰을 켜면 시작되고 스마트폰을 끄면 끝난다'고 할 정도로 스마트폰과 떼려야 뗄 수 없는 시대가 되었다. 요즘 스마트폰을 통한 부동산 마케팅은 절대적이다. 대부분의 부동산 중개가 스마트폰을 통해서 이루어지고 있다. 그리고 요즘 핸드폰 문자 서비스를 활용하여 홍보를 하는데 이것은 부재중이거나 손님과 통화가 안 될 때 전화 종료 시 문자 서비스가 가는 시스템이다. 손님 입장에서는 문자에 부동산 사무실 정보가 있으니 연락이 올 가능성이 커진다.

세상에는 돈을 많이 버는 잘나가는 공인중개사와 돈을 못 버는 공인중개사가 있다. 그 차이는 엄청 다른 점이 있을 것 같지만 돈 잘 버는 공인중개사의 비밀 노트를 실천하는 사람과 아닌 사람으로 나뉠 수가 있다. 나는 앞의 공인중개사의 비밀 노트 8가지를 최대한 지키려고 노력하고 있다. 누구나 계획은 쉬우나 실천은 어렵다. 처음 중개업을 시작했던 초심을 꾸준한 노력으로 유지해야 한다. 정답은 실천이다.

★ 실전에서 써먹는 성공하는 공인중개사의 비밀 노트 8가지

---

1. 잔금 때도 선물을 줘야 되지만 계약 때 조그만 선물을 하자.
2. 간판에 자신의 얼굴을 넣어라.
3. 계약을 신속 정확하게 하기 위해 TV를 설치하자.
4. 물건 접수 시 적극적으로 임하자.
5. 명함을 만들 때 혼을 불어넣자.
6. 손님과 중개사의 공통분모를 찾아라.
7. 중개사의 옷과 헤어스타일에 신경을 쓰자.
8. 핸드폰 문자 서비스를 중개업 마케팅에 최대한 활용하자.

09.

부동산 중개업 마케팅
성공 노하우

부동산 중개업 시장은 SNS 마케팅 전성시대다

부동산 중개업 시장도 많은 변화가 일어나고 있다. 일단 공인중개사 소장들의 나이가 젊어졌다. 예전에는 부동산 사무실이 '복덕방'이라는 이미지가 강해서 동네 어르신들의 전유물로만 여겨졌다. 그러나 요즘 부동산 시장은 경기 불황과 취업난 속에서 젊은 공인중개사 소장을 쉽게 볼 수 있다. 젊은 공인중개사의 진출은 중개업 시장에 많은 변화를 가져왔다.

예전의 공인중개사들은 열심히 노력하는 사람이 성공했다. 즉 일찍 출근해서 광고 물건을 열심히 만든다. 열심히 만든 전단지를 돌아다니면서 홍보를 했다. 그러나 이것도 하지 않은 부동산은 계약도 어려운 실정이었다. 예전에 부동산에 오는 손님들은 주로 전봇대나 전단지를 보고 많이 왔다. 그러던 것이 벼룩시장 정보지가 나왔을 때는 대부분의 사람들이 벼룩시장을 활용했다. 그때는 많은 공인중개사분들이 벼룩시장에 물건을 올리는 게 하나의 일상이 되었다.

그러던 것이 인터넷이 발달하면서 네이버, 다음 부동산이 물건을 휩쓸고 있다. 지금은 블로그, 유튜브, 인스타그램, 페이스북과 같은 SNS 전성시대가 되었다. SNS 활동을 하지 않고 손님들과 소통하지 않으면 중개업 성공을 하기 어렵다. 요즘 젊은 사람들뿐만 아니라 나이 드신 분도 스마트폰을 다 사용하고 있다. 나의 장모님은 올해 연세가 70인데 스마트폰 마니아시다. 스마트폰을 가지고 정보도 공유하고 의사소통도 한다. 스마트폰이 하루라도 없는 날이면 무기력증이 올 정도로 필수품이 되었다.

요즘은 스마트폰이나 인터넷을 통해서 자기가 원하는 위치의 부동산을 선택한다. 이때 내가 원하는 아파트의 정보를 가지고 있는 SNS 마케팅이 절대적으로 필요하다. 특히 블로그는 부동산 매물을 홍보하는 데 정말 좋은 마케팅 수단이다. 하지만 부동산 블로그 시장은 경쟁이 치열하다. 그렇기 때문에 최상단의 첫 페이지에 물건이 떠 있지 않으면 손님은 첫 페이지만 확인하고 나가버린다. 블로그 첫 페이지 최상단에 내 물건을 올린 블로그를 노출시켜야 손님에게 전화를 받을 수 있다. 그래서 요즘 블로그 전쟁이 매일 같이 일어나고 있다. 여기에서 승리해야 중개업에서 성공할 수 있다.

그럼 블로그를 어떻게 만들어야 상위 노출을 할 수 있을까? 무조건 많이 만들면 좋은 걸까? 우선 SNS를 사용하는 사용자(유저)들의 패턴을 잘 알고 있어야 한다. 유행에 민감한 유저들이 어떤 경로로 접속하고 어떤 것에 관심을 가지는지 분석해야 한다. 또한 블로그에 글을 올릴 때는 블로그 지수라는 것을 염두에 두어야 한다. 블로그 지수는 쉽게 말해 블로그의 영향력이라고 한다. 높은 블로그 지수를 갖고 있으면 블로그에 포스팅을 하면 상단에 노출될 확률이 높아진다. 블로그 지수가 낮으면 저품질 블로그가 되어 아무리 열심히 물건을 올려도 상단에 노출되기가 어렵다.

그리고 최근에 뜨고 있는 중개업 마케팅이 유튜브 동영상 마케팅이다. 구독자 수가 점점 늘어나고 있어 앞으로는 유튜브 전성시대가 도래했다고 봐도 될 것이다. 동영상 마케팅이 뜨는 이유는 무엇일까?

스마트폰의 용량이 커짐에 따라 동영상을 보는 데 제약이 없어졌다. 요즘은 통신사마다 경쟁적으로 무제한 데이터 제도를 운영하고 있다. 그리고 데이터 속도가 빨라져서 동영상을 찍고 연출하는 데 편리해졌기 때문이다. 아무래도 부동산 물건을 소개하거나 설명하는 데 동영상이 안성맞춤이다. 그리고 블로그처럼 글을 쓰고 예쁘게 만들어야 되는 부담이 없기 때문에 누구나 할 수 있는 점이 가장 큰 장점으로 뽑힌다.

그리고 젊은 친구들에게 유행하는 인스타그램과 페이스북도 중개업 마케팅에 활용을 하고 있다. 지금은 부동산 중개업도 문을 열어놓고 손님을 기다리는 시대는 끝났다고 봐야 한다. SNS상에 광고 물건이 노출되지 않는다면 손님은 여러분에게 전화를 하지 않는다.

내가 아는 개업공인중개사 중에 B여자소장님이 있다. 이분의 나이는 60이 다 되셨다. 그러나 공부에 대한 열정이 대단하다. 얼마 전에 둘째 딸이 결혼도 하고 사위도 봤지만 토요일마다 대학교에 다니고 있다. 지금이 4학년 졸업반이라고 한다. 앞으로 석·박사도 진학할 생각이라고 한다. 올해가 개업한 지 3년밖에는 되지 않은 초보에 속하지만 월 매출은 천만 원을 훨씬 넘는다. 지금처럼 어려운 불경기에도 꾸준한 매출을 기록하고 있다. 같은 중개업을 하고 있는 나도 부러울 때가 많다.

그럼 B소장님이 이런 불경기에도 계약을 많이 하는 이유는 무엇일까? 그것은 부동산 중개업 마케팅을 잘하고 있기 때문이다. 지금 SNS에서 가장 핫한 것이 블로그와 유튜브다. B소장님은 그 두 가지를 다 하고 계신다. 그리고 블로그의 내용을 읽어보면 글도 잘 쓰지만 내용이 너무 알차다. 조금만 읽어봐도 전문가 포스가 넘쳐난다. 내용이 알차기 때문에 늘 검색 1순위에 올라 있다. 조회 수도 엄청나다. 하루에도 전국에서 수천 명이 들어온다. 계약이 안 될 수가 없다. 오히려 계약이 안 되는 것이 이상할 정도다.

부동산 중개업도 시대의 흐름을 빨리 캐치해야 한다

지금은 SNS의 시대다. 빵을 살 때도, 맛집을 갈 때도, 가전제품을 살 때도 일단 검색을 통해서 정보를 입수한다. 그리고 그 내용에 따라 제품을 살지 안 살지를 결정한다. 부동산도 마찬가지다. 이 아파트가 살기 좋은 곳인지 학군은 어떻게 되는지 검색만 하면 정보가 나와 있다. 사람들은 이런 정보를 알려주고 있는 부동산에 가서 계약을 한다. SNS에 노출되지 않는 부동산 사무실은 죽은 사무실이다. 예전부터 해오던 방식대로 전봇대에 전단지를 붙이는 방법으로는 성공할 수 없다. 지인분들이 찾아오기만을 기도해야 하는 방법으로는 또한 성공할 수가 없다. 물론 운이 좋은 달은 계약을 할 수 있지만 계속 운을 바랄 수는 없다. 부동산 중개 시장도 빠르게 변하고 있다. 시대의 흐름을 알아야 살아남을 수 있다.

부동산 중개업 시장은 갈수록 힘들어진다는 공인중개사의 볼멘소리가 여기저기서 들리고 있다. 이제 힘들어서 중개업도 못 하겠다고 아우성이다. 특히 요즘처럼 부동산 거래가 줄어든 시기에는 폐업하는 공인중개사도 점점 늘어날 것이다. 그러나 항상 위기가 기회가 될 수 있다. 지금이 오히려 가장 부동산 개업하기 좋은 시기이기 때문이다. 왜냐하면 부동산 경기가 좋을 때 창업하신 분들이 하나, 둘 사무실 권리금을 낮추고 있기 때문이다. 좋은 입지의 부동산 사무실에 권리금이 낮을 때 들어가면 비용을 줄일 수 있고 부담을 줄일 수 있다. 그러면 부동산 경기가 좋은 날이 오면서 대박이 날 수도 있다. 중개업에서도 항상 위기를 기회로 만드는 공인중개사가 있다. 돈 잘 버는 공인중개사는 따로 있다.

10.

부동산 중개
성공의 법칙

정부의 부동산 정책이 부동산 중개 성공을 보장하지 않는다

지금 이 시간에도 전국에 있는 11만 명 이상의 개업공인중개사들은 열심히 부동산 중개를 위해 노력하고 있다. 대부분의 공인중개사는 월요일에서 토요일까지 주 6일 근무를 한다. 물론 일요일도 근무를 하는 부동산도 전국에 많다. 대부분의 회사들이 주 5일 근무를 할 때 중개업은 일주일에 6~7일을 일을 한다. 일도 많이 하기 때문에 돈도 많이 벌어야 되지만 현실은 그렇게 이상적이지 않은 것 같다. 전국 11만 명의 개업공인중개사 중 절반 이상은 한 달에 가져가는 순수익이 200만 원도 안 된다고 하니 가히 기가 막힐 노릇이다. 경쟁이 치열하기 때문에 광고 비용이 늘어난 부분도 있지만 부동산 경기가 좋지 않은 지금은 거래가 끊기면서 많은 어려움을 겪고 있는 개업공인중개사도 많다.

그리고 그 당시 정부에서는 기준금리도 초저금리 정책을 펼쳐 빚을 내서 집을 사라고 했다. 그래서 부동산 시장이 너무나 끓어올랐고 부동산 경기가 좋은 시절이었다. 부산 지역도 재개발·재건축의 활성화로 인해 아파트 분양권의 인기가 엄청 좋았던 시기였다. 보통 몇십 대 일의 경쟁률을 보였으며 분양하는 건설사마다 완판되는 분양권 불패 신화였다. 그리고 분양권 가격이 올라가다 보니 기존의 아파트 가격도 덩달아 상승하는 시기였다.

이 시기는 부동산 거래가 활발한 시기로 부동산 중개업도 호황인 시기였다. 나는 중개업 시기를 잘 만나 어려움 없이 중개업을 계속할 수 있었다. 돈도 많이 벌었고 투자했던 부동산이 많이 올라 시세 차익도 많이 남기게 되었다. 그러나 정권이 바뀌고 문재인 정부가 들어오면서 부동산 경기가 안 좋아지기 시작했다. 문제는 부동산 경기 상승의 끝물에 중개업 창업을 하신 소장님은 지금 어려움을 많이 겪고 있다.

사무실을 창업할 때 가장 비싸게 권리금을 주고 들어왔기 때문이다. 좋은 시기를 겪어보지 못한 공인중개사들은 신세를 한탄하며 폐업을 하고 있다. 그러나 어려운 시기에도 중개업 시장은 계속 돌아가고 있다. 이 와중에도 호황기 못지않게 중개를 많이 하시는 소장님들도 많다.

중개업 불변의 법칙 중 공인중개사의 부동산 중개 협상이 가장 중요하다

첫째, 매도인 입장의 중개 협상, 둘째, 매수인 입장의 중개 협상, 셋째, 손님 입장의 중개 협상에 대한 노하우를 설명 드리겠다.

첫째, 매도인 입장의 중개 협상이다. 이때 중개사의 가장 중요한 역할은 가격을 깎아야 거래가 이루어지는 경우가 많다. 특히 이때 매도인 쪽에서 기분이 나빠지면 안 된다. 내가 가장 많이 쓰는 기술 중 하나가 경쟁 물건을 이용하는 것이다. 매도인 쪽 물건만 본 게 아니라 다른 물건도 봤는데 고민 중이라고 하면서 운을 띄워야 한다. 그럼 사람의 심리가 경쟁에서 이기려고 하는 본능이 있다. 그래서 어렵지 않게 가격 조정이 쉽게 될 수 있다.

그리고 조심스럽게 집의 하자나 방향 또는 구조에 대한 불편함을 호소하면서 집의 가치를 조금은 평가 절하를 해야 한다. 그리고 최근 부동산 실거래가가 낮은 사례가 있으면 얘기 하는 것도 좋다. 그러나 최근에 다들 높게 거래가 되면 굳이 말을 안 해도 된다. 그리고 마지막으로 첫 매매 가격을 제시할 때 조금 많이 깎아야 계약하기가 쉽다. 즉 아파트 32평의 시세가 4억이면 여기서 처음 제시 가격이 3억 9천을 불러야 3억 9,500만 원에 거래를 할 수 있다는 것이다. 사람은 누구나 매도인은 조금 더 비싸게 팔고 싶고 매수인은 조금 더 싸게 사고 싶은 것이 인지상정이기 때문이다.

둘째, 매수인 입자의 중개 협상이다. 이때 중개사의 가장 큰 역할은 매수인이 빨리 결정을 할 수 있도록 만들어줘야 한다. 살까? 말까? 고민하고 있는 매수인에게 '다음에 생각해보고 연락주세요.'라고 하면 계약에 실패한다. 그 자리에서 결정을 하도록 유도해야 한다. 공인중개사의 가장 중요한 중개 기술이다. 이때는 경쟁 물건과 차별화를 강조해야 한다. 우선 앞에 본 물건보다 가격과 층수, 방향, 일조량, 집 상태 등의 장점을 부각시켜야 한다. 그리고 경쟁자가 있다고 해야 한다. 지금 사지 않으면 오늘 오전에 보고 가신 손님이 결정할 수 있다고 놓칠 수도 있는 물건이라고 해야 한다. 그래야 매수인 입장에서는 집이 마음에 들면 서두르게 된다.

그리고 공인중개사들이 가장 실수를 많이 하는 부분이 집을 안내할 때 너무 많은 물건을 보여준다는 것이다. 사람은 기억에 한계가 있고 희소성의 본능을 가지고 있다. 너무 많은 물건이 나와 있어도 손님이 원하는 물건 중 3개 정도만 안내를 해야 한다. 안내 순서도 물건의 기호에 따라 B->A->C 순으로 가장 좋은 것을 중간에 보여주는 게 가장 효과적이다.

그리고 집을 보여주는 시간도 손님이 원하는 시간에 맞춰야 되지만 조절할 수 있다면 중개사가 컨트롤을 해야 한다. 왜냐하면 계절에 따라 시간에 따라 달라질 수 있어야 한다. 만약에 안내할 집이 남서향이면 여름에는 오전에, 겨울이면 오후에 안내하는 것이 유리하다. 왜냐하면 여름에는 덥기 때문에 오후에 남서향 집을 안내하면 더운 집이라서 선택을 하지 않을 수 있기 때문이다.

셋째, 손님 입장의 중개 협상이다. 손님의 입장은 대부분의 거래가 공인중개사와 이루어지기 때문에 중개사와의 심리 싸움이 중요하다. 먼저 공인중개사를 내 편으로 만들어야 한다. 사실 다른 부동산에서 다른 물건을 봤지만 계약은 여기서 할 테니 매수인이 원하는 가격에 최대한 맞춰달라고 하면 된다. 그리고 하자에 대한 보수비용이 많이 들기 때문에 공사비 정도는 깎아야 한다는 것을 강조해야 한다. 마지막으로 공인중개사와 여러 번 많은 시간을 내어 같이 집을 보면 중개사도 오기가 생겨서 매수인의 입장을 최대한 반영해주기 때문이다.

부동산 중개 성공의 법칙 중 손님을 사무실로 오게 하는 노하우를 공개하겠다

나는 분양권 현장을 많이 돌아다니다 보니 자연스럽게 분양권 정보는 다른 중개사보다 많은 정보를 가지고 있다. 이런 정보를 내 핸드폰에 저장된 손님에게 문자를 보낸다. 그러면 아파트 분양에 관심 있는 손님들은 연락이 오거나 사무실에 방문을 하게 된다. 전화나 방문을 통해서 분양 정보를 생생하게 전달한다. 그런 과정 속에서 손님들은 분양권 얘기뿐만 아니라 기존 아파트 매물도 내놓고 다른 물건도 접수를 하게 된다.

일석이조의 효과가 발생하는 것이다. 분양 정보가 아니면 부동산 법률이나 세금에 대한 필요한 정보를 문자를 보내면 된다. 그러면 손님과의 유대 관계뿐만 아니라 부동산 이미지에도 긍정적인 효과가 나타날 수 있다.

〈공인중개사의 부동산 중개 협상의 기술(매도인 공인중개사 입장)〉

1. 매도인의 경우(가격을 깎아야 할 때)

– 경쟁 물건을 이용하라.

– 하자나 방향, 구조를 핑계 대라.

– 과거 실거래가를 확인해라.

– 매도인에게 첫 매매 가격 제시 때 조금 많이 깎아야 계약하기 쉽다.

〈공인중개사의 부동산 중개 협상의 기술(매수인 공인중개사 입장)〉

2. 매수인의 경우(결정을 빨리 해야 할 때)

– 경쟁 물건과 차별화(가격, 방향, 일조량, 집 상태 등)

– 가격 경쟁력을 호소(다른 것보다 싸다)

– 경쟁자가 있다고 해라.(어제 보고 간 손님이 있다.)

– 너무 많은 물건을 보여주지 마라.

– 손님에게 보여주는 시간이 중요하다.(여름, 겨울, 오전, 오후)

〈손님 입장에서 공인중개사를 활용하는 방법〉

– 경쟁의식을 유발해라.(사실 다른 부동산에서 다른 물건을 봤다.)

– 하자나 수리 등 보수 비용을 얘기해라.

(도배장판은 기본, 싱크대, 마루바닥, 보일러 교체, 베란다 수리 등)

– 공인중개사와 여러 번 많은 시간을 통해 같이 집을 봐라.

(공인중개사를 지치게 하면 본전 생각으로 반드시 물건을 찾아준다.)

★ 주택(아파트 등) 매매를 잘하는 방법

1. 공실보다 사람이 사는 집이 잘 팔린다.

2. 어두운 집보다 밝은 집이 잘 팔린다.

3. 짐이 많은 집보다 없는 집이 잘 팔린다.

4. 청국장 냄새나는 집보다 향기 나는 집이 잘 팔린다.

5. 망한 집보다 재수 좋은 집이 잘 팔린다.

6. 수리한 집이 잘 팔린다.

6장

불황에도
살아남는
부동산 중개 비법

01.

부동산 중개
성공 비법 4단계

부동산 중개 성공의 법칙 노하우

그럼 부동산 중개의 성공 법칙들을 하나씩 소개하려고 한다. 먼저 중개업 성공 노하우 4S가 있다. 1. SPEED 2. SHARP 3. SMILE 4. STUDY다.

첫째, SPEED는 중개업은 속도 싸움이다. 다른 사람보다 먼저 손님에게 빨리 물건을 안내하고 찾는 물건을 소개시켜야 되는 직업이기 때문에 속도가 생명이다. 1등만 살아남는다. 공인중개사는 손님의 원하는 물건을 1등으로 찾아야 하고 손님이 팔고 싶은 물건을 1등으로 팔아야 살아남을 수 있다.

둘째, SHARP는 말 그대로 날카로움이다. 손님이 무엇을 원하고 필요로 하는지 남들과 다른 중개 기술이 필요하다. 부동산에 대해 모르는 게 없어 손님에게 독점적인 정보를 줄 수 있는 차별화된 기술을 말한다. 타 공인중개 사들이 접근할 수 없는 나만의 중개 기술을 익히는 것도 하나의 방법이다.

셋째, SMILE이다. 중개업은 서비스업이다. 일단 공인중개사는 친절해 야 한다. 손님이 사무실 안으로 들어올 때 공인중개사의 얼굴을 보게 된다. 미소가 없고 화난 얼굴의 공인중개사에게는 손님이 없을 수밖에 없다. 소 문만복래: 웃으면 복도 오지만 계약도 된다.

넷째, STUDY다. 중개업은 부동산 법률이 자주 변동되고 복잡하기 때문에 공부를 끊임없이 해야 하는 직업이다. 손님에게 설명을 넘어 설득을 하는 자 리이기 때문에 중개사의 완벽한 부동산 지식이 요구된다. 중개업을 폐업하 는 그날까지 공부를 계속해야 손님을 설득하고 계약을 할 수 있는 직업이다.

★ 중개업 성공 노하우 4S가 있다

---

1. SPEED
2. SHARP
3. SMILE
4. STUDY

02.

6시를 두 번 사는 사람이
살아남는다

출근 시간을 보면 중개업 성공이 보인다

많은 사람들은 공인중개사는 게으르다고 생각한다. 왜냐하면 사무실 문을 늦게 열기 때문이다. 보통 직장인들이 8시 전에 출근을 준비하는데 공인중개사들은 그때 일어난다. 물론 중개업이 오전 일찍 손님이 오지 않기 때문에 늦게 문을 여는 소장들이 대부분이다.

그러나 손님이 오지 않는다고 중개사가 할 일이 없는 것은 아니다. 매일 준비하고 점검해야 한다. 그러나 손님이 없으면 일이 없다고 생각하는 공인중개사가 많다. 심지어 손님이 없으면 사무실에서 오락을 하거나 인터넷 쇼핑을 하는 중개사들도 많다.

시간에 관한 유명한 말은 너무나 많다. "여러분이 헛되이 보낸 오늘은 어제 죽은 사람이 그토록 살고 싶어 했던 내일이다.", "신이 인간에게 준 것 중 가장 공평한 것은 시간이다." 그러나 시간을 함부로 낭비하게 되면 미래가 불안해진다. 미래는 준비된 자의 것이기 때문이다.

내가 아는 50대 초반의 J소장님은 오전에 새벽 5시에 일어나신다. 일어나서 매일 비가 오나 눈이 오나 동네 산에 올라가신다. 밤늦게 일을 마치거나 술자리가 늦어 잠을 못 자도 항상 새벽 5시에 기상하신다.

이런 생활이 중개업을 시작하고 계속했다고 하니까 벌써 10년이 넘으신 것 같다. J소장님의 재산은 내가 어림잡아도 50억은 넘으신다. 돈이 많아서 중개업을 하시지 않아도 먹고사는 데 지장이 없다. 그러나 지금도 현업에서 누구보다 열심히 생활하신다. 나는 그분을 뵐 때면 내 생활을 반성하고 다시 열심히 살아야겠다는 의지가 생긴다.

나는 어느 날 궁금해서 J소장님에게 물어봤다. "소장님은 돈도 많이 벌었고 이제 편하게 사시면 되는데 왜 이렇게 일찍 새벽부터 일어나십니까?"라고 물었다. 그러자 J소장님은 미소를 띠며 얘기를 했다. "내가 중개업을 처음 시작하고 불규칙한 생활이 계속되자 이렇게 살면 안 되겠다고 생각을 했었다. 그래서 그때부터 아침형 인간이 되었다"고 말했다. 중개업은 사람 만나는 직업이기 때문에 생활이 불규칙적이다. 밤늦게까지 술자리도 많고 멀리 임장을 가는 날이면 일이 언제 끝날지를 모른다. 그래서 공인중개사들은 보통 늦잠을 자고 늦게 출근을 한다. 그러나 J소장님은 달랐다. 새벽에 일어나 자신만의 몸을 만들고 좋은 기운으로 하루를 시작했다.

아침형 인간이 좋은 5가지 이유

아침형 인간이 좋은 5가지 이유가 있다.

첫째는 아침 시간을 자기 의지대로 살아간다. 남들은 다 자고 있을 시간이며 나만의 시간을 가질 수 있다. J소장님처럼 등산을 가거나 책을 읽을 수 있고 신문도 편안하게 볼 수 있다. 누구도 간섭받지 않는 오로지 자신만의 시간이다.

둘째는 하루가 길게 느껴진다. 새벽 시간을 활용하면서 생활의 여유가 생기게 되고 서두르거나 급하게 일을 하지 않아도 된다. 하루가 길고 열심히 생활한 것 같아 보람을 느낀다. 하루가 모여 일 년이 되면 나는 더욱 성장할 수 있다.

셋째는 새벽에 일어나 창밖을 보면 쓰레기 청소차들의 분주함을 볼 수 있다. 새벽을 여는 사람들의 활기찬 모습에 내가 살아 있다는 생각이 들어

용기와 희망이 생긴다. 용기와 희망으로 하루를 살면 세상이 즐거워진다.

넷째는 새벽에 기상해서 창문을 열고 상쾌한 공기를 마시면 좋은 기운이 내 몸에 들어온다. 하루 종일 정신이 맑아져서 현명한 선택을 하게 된다. 인생은 선택의 연속이다. 선택을 잘 하느냐에 따라 성공과 실패로 나눌 수 있다. 순간의 선택이 평생을 좌우한다.

다섯째는 새벽에 일찍 일어나면 저녁에 잠이 잘 와서 숙면을 취한다. 내가 아는 공인중개사 분들 중에 많은 분들이 불면증을 가지고 있다. 중개 업무의 특성상 사람 때문에 생기는 스트레스가 잠을 방해해서 불면증에 시달리는 중개사분들이 많다. 이분들은 꼭 새벽에 일어나길 바란다. 아침부터 열심히 생활하다 보면 저녁에는 숙면을 취하게 될 것이다.

아침형 인간이라는 말이 널리 알려진 건 사이요 히로시 소장이 쓴 『아침형 인간』이라는 책 때문이다. 2003년 출간된 책이 한국에 소개되면서 아침형 인간 붐이 불었다. 아침형 인간이라는 말이 없었을 뿐 이미 많은 기업의 최고 경영자들은 아침형 인간으로 생활하고 있었다. 국내 대기업 최고경영자 70명 가운데 67명이 아침형 인간이라는 조사 결과도 있다.

아침형 인간의 대표적인 CEO는 고 정주영 회장이다. 이분은 무에서 유를 창조하는 분으로 누구나 다 알고 있다. 임원들이 정 회장님의 사업계획서를 보고 추진하기가 어렵다는 의견을 보고하면 "자네, 해보기나 해봤어?"라는 말은 아직도 회자되는 이야기다. 정주영 회장은 오전 4시에 기상을 하신다. 워낙 근면 성실하시고 어렸을 때부터 몸에 밴 습관이라 회장이 되고 나서도 달라진 게 없었다.

세계에서 가장 영향력 있는 여성 기업인 중 인드라 누이 펩시코 CEO는 아침형 인간이 될 수 있는 비결을 묻는 질문에 "잠은 신이 주신 선물이라고 들 하지만 나는 그 선물을 받지 못했다"고 답했다.

스타벅스를 세계 최고 커피 브랜드로 만든 하워드 슐츠 회장은 오전 4시 30분에 일어나 산책을 하고 스타벅스 커피를 마시며 하루를 시작한다. "스타벅스 커피는 커피를 파는 곳이 아닌 문화를 파는 곳이다."라고 말한 아이디어도 새벽에 산책하면서 만들어졌다고 하니 아침형 인간의 실천은 성공으로 가는 지름길이다.

요즘 세간에는 "6시를 두 번 사는 사람이 성공한다."라는 말이 있다. 누구나 6시는 한 번은 살고 있다. 오후 6시 말이다. 그러나 대부분은 오전 6시는 살지 못하고 꿈나라에 가 있다.

오전 6시 전에 일어나 매일 오전 6시를 사는 사람은 반드시 성공할 수 있다. 다른 사람보다 시간과 마음가짐에서 앞서나가고 있기 때문이다. 일찍 일어나는 새가 벌레를 잡는다. 일찍 일어나야 기회가 더 생기기 때문이다. 인간세계와 동물 세계는 달라 보이지만 살아가는 이치는 같은 것이다.

★ 아침형 인간이 좋은 5가지 이유

1. 아침 시간을 벌 수 있다.

2. 하루가 길게 느껴진다.

3. 용기와 희망이 생긴다.

4. 현명한 선택을 하게 된다.

5. 숙면을 취한다.

03.

독서와 부동산 강의는
미래에 대한 투자다

공인중개사는 국가에서 인정한 공인 전문가이다

전문 직업 중 '공인' 자가 들어가는 자격증은 공인회계사와 공인노무사 그리고 공인중개사밖에 없다. 세무사, 법무사도 '공인' 자가 들어가지 않는다. 그러나 공인중개사는 다른 전문직에게는 좋은 대우를 받는다. 왜냐하면 우리가 손님을 소개시켜주기 때문이다. 부동산 중개가 마무리되면 매도인은 양도소득세를 매수인은 이전 등기를 해야 하기 때문에 세무사와 법무사가 필요하다. 그래서 우리가 그분들을 소개시켜줄 수 있다. 당연히 세무사와 법무사는 공인중개사를 좋아하고 대우를 해준다.

그러나 손님들은 공인중개사들을 믿지 않는다. 전문 자격증이지만 전문가라고 생각하지 않는다. 왜냐하면 공인중개사 대부분은 공부를 하지 않기 때문이다. 2년에 한 번 하는 연수 교육도 참여율이 저조하고 강의에 집중을 하지 않는다. 그러나 세무사와 법무사분들은 공부를 열심히 한다. 변호사도 마찬가지다. 제일 공부를 안 하는 전문가가 공인중개사라고 해도 과언이 아니다. 그래서 손님들이 부동산에 대해서 물어봐도 정확하게 답을 못한다.

공인중개사들의 머릿속에는 오로지 계약에 대한 생각이 앞선다. 물론 먹고살기 위해서는 계약만큼 중요한 것이 없다. 그러나 이번 달은 운이 좋아 계약이 많이 되었지만 다음 달은 어떤 일이 벌어질지 모른다. 만약 여러분이 부동산 지식이 없어서 돌려보낸 손님이 다른 부동산에서 계약을 하고 있다고 생각하면 지금도 가슴이 철렁 내려앉을 것이다. 공부를 해야 하는 이유가 여기에 있다.

공인중개사들은 창업을 하고 한 달 정도는 정말 열심히 공부한다. 그러나 공부를 하다 보면 딴생각이 든다. '내가 지금 이거 공부해봤자 손님도 안 오는데 왜 공부를 해야 되지?'란 생각이 들면서 점점 더 공부와 멀어지게 된다. 그러면서 책과도 멀어지고 공부를 중단하게 된다. 그러면 그때부터 공인중개사의 미래는 정해져 있다. 평생 아파트 단지 앞에서 중개를 해야 한다. 그렇게 되지 않기 위해서는 공부를 열심히 해야 한다. 언제 어떤 손님이 올지 모르는 부동산 중개 특성상 열심히 공부하다 보면 적재적소에 활용할 수 있는 손님이 오게 마련이다.

공인중개사가 반드시 매일 반복해야 할 습관은 1. 신문 읽기 2. 독서 3. 부동산 강의 듣기다.

첫째, 신문은 매일 규칙적으로 반드시 읽어야 한다. 신문은 세상이 어떻게 돌아가는지 알 수 있는 손님과의 대화를 유지시켜주는 수단이다. 그리고 지역신문에는 부동산 관련 기사가 많은데 그중에는 청약 관련 일정과 날짜 등이 나와 있다. 그리고 지역 부동산 가격 또한 매주마다 나오기 때문에 공인중개사에겐 중요한 정보다.

둘째, 독서는 부동산 관련 책 말고도 읽고 싶은 교양서도 꾸준히 읽어야 한다. 딱딱하고 힘든 중개 생활에 많은 자양분을 준다. 그리고 부동산 중개 관련 책도 꾸준히 읽어야 한다. 재개발·재건축 관련 책도 읽어야 한다. 비록 나의 부동산 사무실이 재개발·재건축 자리가 아니라도 아파트에 살고 계시는 분 중 조합원도 있다. 그리고 입주권을 가지고 계신 분도 있기 때문에 거래가 언제 어떻게 일어날지 아무도 모른다.

셋째, 필요한 부동산 강의가 있으면 찾아서 들어야 한다. 중개업은 정권이 바뀔 때마다 관련 법이 바뀐다. 그리고 경기가 좋거나 나쁘냐에 따라 부동산 관련 법도 바뀌게 된다. 공인중개사는 바뀐 부동산 법에 대해서 정확히 알아야 한다. 이해를 떠나 손님을 설득해야 하기 때문에 정확하게 알지 못하면 손님에게 정확한 정보를 줄 수 없다. 그리고 재테크 관련 강의를 들으면서 투자에 대한 정보도 알아야 한다.

성공하는 사람들은 대부분 출근 전 2시간을 활용한다

늦었다고 생각할 때가 가장 빠르다는 말이 있다. 지금 현재 나 자신의 위치를 깨닫고 더 나은 사람이 되기 위해 노력해야 한다. 성공한 사람들은 새벽 시간을 활용해서 눈부신 인생을 만들어냈다. 내 인생, 지금부터 시작이다.

나는 새벽형 인간을 실천하고 있다. 가끔 피곤할 때면 7시에도 일어나지만 웬만하면 5시 30분에 일어나려고 노력한다. 내가 새벽형 인간이 되고 나에게 많은 일들이 일어났다. 특히 살이 조금 빠졌다. 약 2kg가 빠졌다. 주위에서 나보고 살 빠지니 얼굴이 좋다고 했다. 얼마 전까지만 해도 천하장사 이만기 닮았다고 했는데 요즘은 그런 말을 잘 듣지 못한다.

그리고 하루를 길게 사는 만큼 시간적 여유가 많아졌다. 새벽을 활용해 신문과 책 읽기를 할 수 있어 아침을 상쾌하게 맞이한다. 아침 운동도 꾸준히 하게 되면서 몸과 마음이 튼튼해지고 있다. 마지막으로 꿈과 희망이 생겼다. 새벽에 일어나지 않을 때는 일어나자마자 애들 학교 갈 준비해주고 밀린 업무 본다고 정신없이 하루를 보냈다. 그러나 새벽형 인간이 되면서 생각이 많아졌다. 맑은 정신으로 책을 보면서 아니면 창밖의 동이 트기 전의 어둠 속에서 나는 생각하는 사람이 되었다. 그리고 인생의 희망이 보이기 시작하면서 새벽이 즐거워졌다.

새벽잠은 인생에서 가장 큰 지출이다. 새벽의 상쾌한 공기를 마시지 않는 사람은 부자 될 자격이 없다. 여러분도 출근 전 2시간 당신의 인생을 위해 투자하길 바란다. 공인중개사들은 독서와 강의를 듣는 데 시간과 돈을 아끼면 안 된다. 왜냐하면 독서와 강의는 미래에 대한 투자이기 때문이다.

★ 공인중개사가 반드시 매일 반복해야 할 습관 3가지

---

1. 신문 읽기
2. 독서
3. 부동산 강의 듣기

04.

공인중개사여,
대학원에 가라!

학벌은 필요조건은 아니지만 충분조건이다

"도전하는 사람은 늙지 않는다.", "꿈을 가지고 미래를 그리면서 현재에 안주해서는 안 된다." 다 좋은 말이다. 실패한 사람은 과거를 얘기하지만 성공한 사람은 미래를 얘기한다. 지금 현재 내가 계약도 많이 하고 남편 월급도 빵빵하게 들어와서 돈 걱정 없이 산다고 해도 미래를 대비해야 한다. 왜냐하면 공인중개사의 미래는 밝지 않기 때문이다. 앞으로 10년 뒤에 없어질 직업 베스트 10에 올라오고 있다. 전국의 중개사무실을 개설한 개업 공인중개사와 공인중개사 자격을 갖고 있는 사람이 너무 많다. 그리고 매년 2~3만 명의 합격생이 배출된다. 실로 엄청난 숫자라고 할 수 있다. 그리고 요즘은 공인중개사 시험에 응시하는 수험생들의 나이가 점점 낮아지고 있어 젊은 중개사들과의 경쟁도 피할 수 없다.

요즘 세상에 학벌은 필요조건은 아니지만 충분조건이다. 대학원에 가서 학문적인 연구만 하라는 것이 아니다. 인맥을 쌓으라는 얘기다. 부동산 대학원의 경우 부동산 관련 전문 과정들이 많다. 전문 과정이라 실전 부동산 투자 강의도 많이 개설되어 투자에 도움이 되는 강의도 많다. 그리고 부동산 대학원에 등록하는 석사 과정에는 공인중개사뿐만 아니라 회계사, 법무사 등의 전문가들과 은행 지점장 및 건설회사 임직원분 등 다양하다. 보통 30~50명 정도의 인맥이 형성되기 때문에 엄청난 재산이다.

나는 공인중개사 자격증을 따고 부산에 있는 동의대 부동산 대학원에 입학했다. 부동산 대학원 석사 총 정원은 30명이고 석사 과정은 2년 6개월의 정규 과정을 다녀야 한다. 매주 화, 수요일 저녁에 학교에 올라가서 공부를 한다. 사회생활을 하면서 공부를 하려면 힘든 점이 많았다. 그때는 정말 열심히 살았다. 발표 수업도 있고 리포트도 많았기 때문에 매주 시간과 노력이 많이 들어갔다. 그리고 마지막 학기 때는 논문을 써야 했기 때문에 부담도 있다. 논문은 지도 교수님에게 지도를 받는다. 그러나 자신이 직접 연구를 하고 논문을 써야 하기 때문에 본인의 시간과 노력이 많이 든다. 보통 자기가 잘 아는 분야의 논문을 쓰는 게 시간과 노력을 줄이는 방법이다.

나는 석사논문을 준비했을 당시 부산 서면에서 상가 전문 부동산에서 일을 했다. 그래서 자연히 서면 상권에 관련된 논문을 쓰게 되었다. 그리고 박사 과정에서도 석사 때의 논문을 확대 발전시켜 박사 논문을 통과하게 되었다. 내가 석·박사 공부를 하면서 힘들고 어려웠지만 지금의 내가 있기까지 많은 분들에게 큰 도움을 받았다. 특히 강정규 교수님의 지도와 기회를 많이 주셔서 졸업 후 여러 곳에서 강의를 할 수 있었다. 그리고 석·박사 때의 인맥과 선·후배님의 관심과 배려 덕분으로 중개업을 운영하는 데 큰 도움이 되었다. 모르는 것이 있으면 선·후배 공인중개사에게 물어보면 답을 알 수 있었다. 그리고 부동산 투자에 대한 궁금한 점도 선·후배들에게 물어보면 많은 도움이 되었다.

그리고 나는 박사 과정 때부터 부동산 강의를 했다. 지도교수님 덕분에 부산대, 부경대학교 평생교육원에서 재테크 관련 강의를 할 수 있었다. 재테크 강의를 하면서 학생들과의 유대관계도 중개업을 하는 데 매우 중요했다. 강의를 수강했던 사람들이 자신들의 인맥을 소개시켜주면서 중개업에도 많은 도움이 되었다.

부동산학 박사가 되면 좋은 점 3가지

나는 공인중개사들에게 생활적 여유와 시간적 여유가 된다면 대학원에 들어가서 부동산학 박사학위를 따라고 한다. 박사가 되면 좋은 점이 많다. 그중에서 나에게 일어났던 좋은 점 3가지가 있다.

첫째, 남들이 '부동산 전문가'라고 부른다. 부동산 중개든 투자든 전문가로 인정해준다. 호칭도 '제 박사'라고 부른다. 석사 과정을 졸업한 사람에게 '~석사'라고는 부르지 않지만 박사는 호칭부터 달라진다. 중개사무실에 박사라는 간판만 달아도 더 많은 손님이 찾아오기 때문에 기회가 더 많이 생기게 된다.

둘째, 강의 섭외가 들어온다. 자신의 명함에 박사 타이틀의 문구를 넣어서 전달하면 여기저기서 강의를 해달라고 연락이 온다. 부동산 전문가로서 인정을 받기 때문에 전공 분야의 강의를 하면 된다. 강의를 통해 자신의 위치를 높이면 된다. 강의를 잘해서 전문 강사로 부업을 할 수도 있다.

셋째, 자신의 저서를 남길 수 있다. 나는 부동산학 박사가 된 후 인생이 많이 달라졌다. 중개업을 하는 데 있어서도 자신감이 생겼다. 그리고 내가 지금껏 부동산 투자했던 노하우에 대한 『소액 부동산 투자가 정답이다』라는 책과 이 책의 모티브가 되었던 『돈 잘 버는 공인중개사는 따로 있다』를 출간하게 되었다. 이것이 다 내가 부동산학 박사가 되고 나서 일어났던 일들이다. 지금도 공인중개사에 대한 책을 쓰고 있지만 시간과 여건이 허락하는 한 계속 책을 쓰고 싶다. 예전에는 몰랐는데 나는 내가 책을 쓰고 있을 때가 가장 행복한 것 같다.

학문을 하는 데 있어서도 살아 있는 학문을 해야 한다. 배워서 써먹을 학문을 해야 한다는 것이다. 시간과 학비를 들여 대학원에 들어갔으면 중개업에 도움이 되는 학문을 해야 하는 것이다. 중개업에 도움이 되지도 않는 취미생활이나 순수 학문에 대한 연구는 좀 더 나이가 들어서 해도 늦지 않는다고 생각한다.

나는 조선의 실학자 다산 정약용 선생의 가르침을 좋아한다. 정약용 선생은 "학문이란 한 사람의 이익을 위해 있는 것이 아니라, 모든 백성들에게 실제로 도움이 되어야 진정한 학문이다."라고 강조했다. 정약용 선생은 열다섯 살 때 처음 읽은 이익 선생의 책에서 평생 잊지 못할 가르침을 받았다고 한다.

그 뒤로 선생은 한순간도 실학을 바탕으로 한 개혁 사상을 잊은 적이 없다. 이익 선생을 직접 만나 뵙진 못했지만, 그분의 개혁 사상만은 언제나 다산 선생의 가슴속에 살아 있었다고 한다.

정약용 선생은 조선 후기의 문신, 실학자이며 호는 다산이다. 이익의 학문을 연구했으며, 이벽에게서 서양 학문과 천주교 교리를 배웠다. 1801년 천주교에 대한 탄압이 심해지면서 17년 동안 전라도 강진으로 귀양 가서 사는 동안 조선 시대 학문을 총정리하여 실학을 완성했으며, 전치 제도를 개혁하고 노비 제도를 없앨 것을 주장했다. 「목민심서」, 「경세유표」, 「흠흠심서」 등 많은 저서를 남겼다.

"모든 학문은 세상을 널리 이롭게 하는 데 쓰여야 합니다.", "모든 관리는 백성을 올바르게 다스리기 위해 자신을 갈고 닦는 것을 게을리해서는 안 됩니다." 오직 나라의 발전과 백성들의 행복을 위해 시대를 앞서 살아가며 노력한 대학자의 가르침이다.

일찍부터 정약용 선생은 백성들의 실제 생활에 도움을 줄 수 있는 학문을 연구하기에 힘써 서양의 학문을 받아들였다. 그래서 조선의 실학을 활짝 꽃피웠으며, 백성들에게 어진 정치를 펼쳐 참된 관리의 길을 몸소 실천했다. 정약용 선생이 걸어간 학문의 길은 자신의 모든 것을 희생한 삶이었다. 생활 속에서 진리를 찾으려는 대학자의 위대한 삶이 조선 후기를 빛나게 했다.

우리가 지금에 와서 정약용 선생님의 가르침을 크게 느끼는 이유는 무엇일까? 다산 정약용 선생이 위대한 이유는 조선의 철학이 성리학에 뿌리를 두고 있었기 때문이다. 이것을 변혁시키는 것은 너무나 어려웠다. 그러나 조선이 잘 살기 위해서는 '공자왈 맹자왈'을 주장하는 성리학으로는 한계가 있었다. 백성에게 실질적으로 도움이 되는 실학을 바탕으로 인간의 삶을 윤택하게 하는 학문을 연구함으로써 실사구시의 정신을 본받는 데 의의가 있기 때문이다.

세상을 개혁하는 것은 너무나 어렵다. 왜냐하면 혁명이 필요하다. 그러나 나 자신의 변혁은 여러분의 마음먹기에 달려 있다. 조그만 생각의 차이가 큰 결과를 가져오게 된다. 지금의 현실에 안주하지 말고 미래를 위해 투자하자. 공인중개사들도 대학원에 가서 부동산학 박사가 되어라! 여러분 인생이 달라질 것이다.

★ 부동산학 박사가 되면 좋은 점 3가지

---

1. 남들이 부동산 전문가라고 부른다.
2. 부동산 관련 강의 섭외가 들어온다.
3. 자신의 저서를 남길 수 있다.

05.

관련 법규도 모르고
상가 중개를 할 수 없다

부동산 중개의 꽃은 상가 중개다

상가 중개를 부동산 중개의 꽃으로 생각하는 공인중개사분들이 많다. 매매 금액도 크고 임대료도 비싸기 때문이다. 그것보다도 수수료가 높고 수수료율도 높기 때문에 일한 만큼 충분한 보상을 받기 때문이다. 그래서 보통 여자 소장님보다는 남자 소장님들의 비율이 높다. 중개 특성상 손님의 특징이 남자가 많고 건물을 가진 대부분의 건물주도 남자 비율이 월등히 높다.

그러나 요즘은 상가 업종의 다변화로 인해 옷가게, 팬시점, 네일샵 등의 업종이 들어오면서 여자 사장님도 많이 증가하였다. 그래서 요즘은 여자 소장님들이 상가 중개도 많이 늘어났다. 상가 중개의 새바람이 불고 있다.

그러나 상가 중개는 문턱이 높은 중개업 중에 하나다. 자격증을 따고 바로 상가 중개를 시작할 수 없는 종목 중에 하나다. 왜냐하면 중개 경험과 노하우가 매우 중요하기 때문이다. 찾아오는 손님이 어떤 업종을 하느냐에 따라 중개를 할 수 있는 물건이 제한적이다. 그리고 임대차 계약과 권리금 계약은 중개의 기본부터 다르다. 중개 대상자도 다르며 중개하는 방식도 다르기 때문에 초보자가 접근하기가 어렵다. 그리고 상가 관련 법규도 복잡한 것이 많기 때문에 잘 모르고 중개를 하면 중개 사고가 일어날 수도 있다.

나는 부동산 중개의 종목 중에서 상가 중개를 부동산의 꽃이라고 생각한다. 그러나 가시가 있는 꽃이다. 꽃의 향기에 매료되어 무작정 달려들었다가는 날카로운 가시에 찔릴 수가 있다. 조심 또 조심해야 한다. 그럼 가시에 찔리지 않기 위해서는 어떻게 해야 될까? 상가 중개에 대한 공부를 해야 한다. 건축물대장을 떼서 물건 분석을 할 때 용도 부분을 볼 수 있어야 한다. 이것은 기본 중의 기본이다. 그리고 상가중개법상 제한 사항이 있는지를 살펴봐야 한다.

가령 계약 대상의 가게 주변에 초·중·고등학교가 있는지에 따라 업종이 제한된다. 거리별로 절대정화구역과 상대정화구역으로 나눈다. 그리고 내가 중개할 업종이 허가업종인지, 등록업종인지, 신고업종 또는 자유업종인지를 파악해야 한다.

이런 복잡한 과정을 모르면 상가 중개를 하기가 어렵다. 물론 중개를 할 수 있는 방법도 있다. 지금과 같은 업종을 똑같이 넣으면 된다. 고깃집은 고깃집, 커피숍은 커피숍처럼 똑같은 업종을 넣으면 아무 문제가 없다. 그러나 이것만 중개를 해서는 돈 버는 공인중개사가 될 수 없다. 그것을 중개할 수 있는 중개사는 주변에 너무나 많기 때문이다. 업종이 다른 것을 중개할 수 있어야 진정한 상가 전문 중개사가 된다.

내가 아는 동생 중에 상가만 전문으로 하는 K공인중개사가 있다. 이 친구는 내가 부산 서면에서 중개업을 시작할 때 같은 소속공인중개사로 알던 사이다.

나는 1년 동안 상가 중개를 하다가 지금의 대단지 아파트 앞에 새롭게 오픈을 했지만 K공인중개사는 아직도 상가 중개를 하고 있다. 아직 나이가 30대라서 열심히 돌아다니고 안내를 하고 있다. 내가 가끔씩 대단지 아파트에 부동산 창업을 하라고 해도 들은 체 만 체한다. K공인중개사는 상가 중개가 너무 재미있고 보람된다고 한다. 이제는 경력이 쌓여서 단골 손님도 많이 늘어났다고 흐뭇해한다.

K공인중개사 사무실 책상에는 상가 중개 관련 노트가 놓여 있다. 옛날에

상가 중개를 오래했던 베테랑 소장의 중개 노트를 정리해서 자기 것으로 만들었다. 여기에는 각 상가 업종 별 중개 요령과 관련 법규가 담겨 있다. 상가 중개의 비밀 노트라고 한다. 내가 예전에 보여 달라고 부탁을 해도 와이프도 안 보여준다고 했다.

K공인중개사는 매일 출근과 동시에 시간이 날 때마다 노트를 보면서 공부를 했다. 사실 공부를 많이 하고 중개 경험도 많지만 손님 중에 어떤 업종 손님이 연결될 줄 모르기 때문에 항상 준비를 하고 있어야 한다고 한다.

K공인중개사는 부산 서면에서 계약을 많이 하는 중개사로 유명하다. 손님이 찾아오면 좋은 물건이 나올 때까지 최선을 다해 중개를 한다. 아는 것도 많기 때문에 손님들이 믿고 찾아오는 것이다. 최근 부동산 경기가 좋지 않은 상황에서도 혼자만 계약을 하고 있다고 했다. 나도 가끔 상가 물건 때문에 통화를 자주 하는데 항상 목소리에 힘이 있고 자신감이 있어서 좋다.

상가 중개를 잘하는 4가지 방법(노하우)

그럼 상가 중개를 잘하는 방법이 없을까? 4가지 노하우에 대해서 설명하겠다.

첫째는 상가 물건을 최대한 많이 확보를 해야 한다. 물건 작업이 최우선이다. 내가 가진 물건이 많아야 손님이 원하는 물건을 소개시켜줄 수 있다.

물건 확보는 열심히 현장을 누비면서 돌아다녀야 한다. 처음 가서 실패를 해도 계속 방문하게 되면 가게 주인과의 유대관계가 형성된다. 그래도 안 만나주면 내가 손님으로 직접 찾아가서 만나면 된다. 방법은 얼마든지 있을 수 있다. 나는 손님인 척 가게를 방문하여 계산을 할 때 자연스럽게 물건 확보를 많이 했다. 자기 가게에서 돈을 쓰는데 싫어할 주인은 이 세상에 없기 때문이다.

둘째는 주변 인맥을 최대한 확보해야 한다. 특히 상가에서 가게를 운영하는 사람은 한 다리만 건너면 다 아는 사람들이다. 요즘은 상가 연합회가 형성이 되어서 모임도 매달 개최된다. 중개사가 열심히 해서 좋은 자리를 소개시켜주면 자연히 상가 종사자들에게 소문이 나면서 계약이 계약을 부르는 효과가 발생하게 된다. 어느 손님 하나 소홀해지면 안 되는 것이다. 그리고 공인중개사의 혈연, 학연, 지연 등의 인맥을 총동원하여 물건을 확보하는 데 최선을 다해야 한다.

셋째는 현수막을 빨리 붙여야 한다. 내가 상가 중개를 해본 경험을 비춰볼 때 현수막만큼 효과가 큰 것이 없었다. 일단 다니면서 빈 상가를 발견하면 가게 주인 또는 건물주에게 현수막을 달 수 있도록 허락을 받아내야 한다. 상가를 찾는 사람들은 자기가 창업할 곳을 반드시 돌아다니기 때문에 현수막의 역할이 무엇보다 중요하다. 아파트의 경우는 손님들이 중개사무실부터 방문하여 집을 보러 간다. 그러나 상가를 찾는 손님들은 중개사무실이 아닌 현장을 직접 보기 위해 돌아다니기 때문에 현수막은 손님과 중개사를 이어주는 다리 역할을 한다고 보면 된다. 많이 돌아다니면서 현수막 작업을 누가 많이 해놓느냐에 따라서 승패가 결정되는 것이다.

넷째는 공동중개를 위한 다른 중개인들과의 관계가 중요하다. 물론 혼자서 임대, 임차를 다 중개하고 싶은 마음은 누구에게나 가지고 있다. 그러나 언제 어떻게 계약이 될 줄 모르는 상가 중개 시장에서 내 차례가 돌아오기란 여간 어려운 것이 아니다. 그러면 일단은 빨리 계약이 될 수 있도록 믿을 만한 공인중개사들과 공동중개를 진행해야 한다. 이때 중요한 것은 상가 물건을 함부로 풀면 물건이 날아가게 된다. 정말 믿고 신뢰할 수 있는 중개사와 거래를 해야 한다. 나는 상가 중개를 하면서 셀 수도 없이 물건을 뺏고 빼앗기는 상황을 많이 경험했다. 정글과 같은 상가 중개 시장은 가만히 있으면 코 베어가는 세상이다. 지금 이 순간에도 내 물건 중 하나는 쥐도 새도 모르게 거래가 진행되고 있다. 내가 움직이지 않는다고 남도 움직이지 않는다고 생각하면 안 된다.

상가 중개 시장은 부동산 중개 시장의 꽃으로 불리는 수수료가 가장 많은 중개 시장이다. 대신 관련 법규를 정확하게 알아야 하는 전문성을 필요로 한다. 거기에 비례해서 열심히 노력하면 노력한 만큼 결과물이 나오는 중개 시장이다.

그러나 상가 중개가 그리 호락호락하지는 않다. 많은 상가 업종과 관련된 법률들을 숙지해야 하고 수시로 법률이 바뀐다. 중개 과정에서 상담하는 업종과 관련한 법률들을 정확하게 알고 적용해야만 한다. 그래야 현장에서 중개 사고 없이 원만한 계약을 이끌어나갈 수 있다. 상가 관련 법규도 모르고 상가를 중개할 수는 없다.

★ 상가 중개를 잘하는 4가지 방법(노하우)

---

1. 상가 물건을 최대한 많이 확보한다.(물건 작업)

2. 주변 인맥을 최대한 활용한다.

3. 현수막을 빨리 붙여야 한다.

4. 공동중개를 할 수 있는 공인중개사 인맥을 만들어야 한다.

06.

부자 공인중개사 vs
가난한 공인중개사

가난한 공인중개사가 있기 때문에 부자 공인중개사가 있다

이 세상에 성공한 사람만 있으면 세상이 돌아갈까? 즉 의사, 변호사, 국회의원과 같은 사람만 있으면 세상이 잘 돌아갈 수 있을까? 아마 세상은 잘 돌아가지 않을 것이다. 왜냐하면 성공한 전문직만 있다면 쓰레기 청소부와 정화조 청소와 같은 힘한 일은 할 사람이 없기 때문이다. 오해하지 마라! 청소부를 실패한 사람이라고 비하하는 것이 아니다. 꼭 필요로 하는 사람이라는 것이다. 만약 그분들이 없다면 아마 전국의 쓰레기가 온 동네에 쌓여 있을 것이다. 이렇듯 세상은 각자 자리에서 굳은일, 힘든 일을 하는 사람이 있기 때문에 정상으로 돌아가고 있는 것이다.

공인중개사들도 마찬가지다. 세상에 계약만 잘하는 공인중개사만 있으면 얼마나 좋을까? 그러나 그것은 현실적으로 불가능하다. 계약을 못하는 공인중개사가 있기 때문에 계약을 잘 하는 공인중개사가 있는 것이다. 왜냐하면 부동산 중개는 제로섬 게임이다. 물건은 정해져 있는데 누가 계약을 하면 누구는 계약을 하지 못하게 되어 있는 구조이기 때문이다. 예전처럼 거래라도 많아야지 더 많은 공인중개사에게 계약이 돌아갈 확률이 높다. 그러나 지금처럼 부동산 경기가 좋지 않아 거래가 줄어들면 공인중개사의 계약도 더욱 어렵게 된다.

우리나라에 사무실을 창업한 개업공인중개사들은 너무나 많다. 이 중에서 부자 공인중개사도 있고 가난한 공인중개사도 있다. 부자 공인중개사와 가난한 공인중개사를 나누는 기준은 무엇일까? 나는 부자 공인중개사는 계약을 많이 하는 공인중개사와 투자를 잘하는 공인중개사라고 생각한다. 반대로 가난한 공인중개사는 계약을 못하는 공인중개사와 투자를 못하는 공인중개사라고 생각한다.

주변에 공인중개사들을 보면 불황에도 끄떡없는 공인중개사들이 많다. 이분들은 대부분이 부동산 투자를 하고 있다. 투자한 부동산에서 매달 월세를 받고 있기 때문에 중개업이 어려워도 끄떡없는 것이다. 그러나 부동산 투자는 하지 않고 중개업만 했던 공인중개사들은 지금과 같은 불황에는 많은 어려움을 겪고 있을 것이다.

내게 처음 공인중개사 공부를 추천했던 L소장님은 지금도 중개업을 하고 있지만 투자도 열심히 한다. 직원이 많기 때문에 부동산 계약 때만 사무실에 있고 나머지는 손님을 만나거나 임장을 가는 날이 더 많다. 이분의 부동산 재산은 내가 아는 것만 해도 30억이 넘는다. 거기서 매달 천만 원 이상 월세가 나오기 때문에 사는 데 별 지장이 없다. L소장님은 상가 임대는 직원들에게 맡기고 주로 큰 상가 매매를 주로 하신다. 그래서 건물주와의 식사와 골프 모임이 많다. 우리가 중심 상권에서 보는 대부분의 건물들은 일반 공인중개사에게까지 물건이 나오질 않는다. 건물 매매를 전담하는 공인중개사는 따로 있기 때문이다. 이런 큰 물건은 자주 거래가 되지 않기 때문에 1년에 한 개라도 계약이 되면 1년 연봉 이상은 충분이 나오기 때문에 매력적이다.

부자 공인중개사는 부동산 중개와 투자를 병행한다

부자 공인중개사가 되기 위해서는 중개업뿐만 아니라 부동산 투자도 병행을 해야 한다. 부동산 중개는 경기를 많이 타기 때문에 언제 어떻게 변할지를 알 수 없다. 그리고 정부의 부동산 규제정책이 발표되면 시장은 또 얼어붙기 때문에 부동산 중개는 바람 앞의 등불과 같은 존재가 된다. 이런 중개의 불확실성을 대비하기 위해서도 꾸준한 공부와 투자를 지속해야 한다. 그러나 내 주변의 공인중개사 소장들은 부동산 투자를 하는 사람이 거의 없다. 대부분 부동산 중개만 열심히 한다. 부동산 경기가 좋을 때는 상관없지만 지금처럼 경기가 나쁜 상황에서는 생활도 하기 어려울 정도로 힘들 것이다.

나도 우리나라에서 부동산 투자가 부자가 되는 가장 빠른 지름길이라고 생각한다. 그리고 중개업자들도 중개업뿐만 아니라 부동산 투자도 병행을 해야 한다고 생각한다. 나의 첫 번째 책『소액 부동산 투자가 정답이다』에서는 부동산 투자를 해야 하는 이유에 대해서 설명하고 있다.

지금 이 시간에도 직장인들은 회사에서 열심히 일을 하고 있다. 한 달, 두 달 월급을 받아 차곡차곡 적금을 붓는다. 그런데도 부자가 되지 못한다. 부자가 되는 사람은 아이러니하게도 이렇게 열심히 꾸준히 돈을 모으지 않는다. 그럼 어떤 사람들이 부자가 될까?

부자들은 모든 사람이 이제 부동산은 끝났다고 생각할 때 그들은 아주 싼값에 부동산을 매입하고 때를 기다린다. 그러면 거짓말처럼 부동산 가격이 오르기 시작한다. 왜 그럴까? 그들은 단지 경제 사이클을 정확히 알고 있는 것이다.

『소액 부동산 투자가 정답이다』에서 부자와 빈자의 차이는 오로지 생각의 차이이며, 그 생각의 차이는 '부동산 투자를 하는 사람 vs 부동산 투자를 하지 않는 사람'이라고 말한다. 생각을 조금 바꾸고 관점을 넓히면 부자가 되는 길은 많다. 그렇기에 부자가 되는 길이 멀리 있지 않으며, 오히려 가까이 있다고 말한다.

왜 사람들은 부동산 투자를 못 할까? 돈이 없어서, 경기가 안 좋아서 등등 부동산 투자를 못 하는 이유는 백 가지도 넘을 것이다.

부자가 되기 위해서는 두려워 말고 일단 소액 부동산 투자부터 시작해야한다. 은행이 아닌 부동산으로 적금 붓고 경제 자유인이 되자! 어째서 누구는 부자가 되고, 누구는 평생 빈자로 살아가는가? 부동산 투자를 못 하는 사람들은 두렵기 때문이다. 부동산 투자에 두려움을 느끼는 이유는 모르기 때문이다. 아직 한 번도 경험해보지 않았기 때문이다. 부동산에 투자해서 돈을 벌어본 사람들은 투자가 두렵지 않다. 경험이 있기 때문이다. 경험이 두려움을 이기는 것이다.

나는 부동산 투자에 거액을 투자해서 일확천금을 노리라고 말하지 않는다. 다만 은행에 맡기지 말고 부동산으로 적금을 부으라고 이야기했다. 해답은 결국 부동산이다. 당신은 부자 공인중개사가 되고 싶은가? 아니면 가난한 공인중개사가 되고 싶은가? 지금 당장 부동산 투자를 공부하라!

07.

하루라도 빨리
부동산 공부하라

공부하는 공인중개사가 살아남는다

공인중개사는 남들이 모르는 것을 자신만 알아야 돈을 벌 수 있다. 그래야 여러분에게 손님들이 찾아오기 때문이다. 나는 대단지 아파트 앞에 공인중개사 사무실을 창업했다. 옆에 베테랑 여자 소장님과 경쟁을 해서 아파트 중개로 이길 수 없다는 것을 첫 계약을 하고 나서 알게 되었다. 아파트의 특성상 집을 보러 오는 사람의 대부분은 여자 손님이다. 그리고 집을 보러 갈 때도 집에 계시는 손님도 여자분이다. 내가 그분들과의 공통점을 찾기란 상당히 어려웠다. 속사정까지 마음을 털어놓기는 더 힘들었다.

그래서 공인중개사 자격증을 가진 와이프와 부동산에서 같이 일하게 되었다. 와이프는 손님에게 싹싹하고 친절하게 안내했다. 안내를 다녀오면 손님들이 와이프를 좋아하게 되었다. 너무 친절하고 설명을 잘 해주어서 고맙다고 했다. 특히 같은 또래의 여자 손님이 오면 공통분모가 많기 때문에 대화를 잘 이끌어갔다. 그리고 아파트 계약률도 높아졌다. 그래서 이제 아파트는 와이프에게 믿고 맡기는 편이다.

부동산 중개의 일련의 과정을 살펴보면 성수기와 비수기로 나눌 수 있다. 보통 신정에서 구정 사이가 비수기에 속한다. 그때는 절기상 이사를 잘 하지 않는다. 구정이 지나고 6월 장마가 오기 전에 성수기를 가진다. 봄 이사철이기도 하기 때문이다. 장마 시즌과 7~8월 여름휴가 시즌에는 또 비수기가 찾아온다. 그리고 가을부터 신정까지 성수기에 들어서게 된다. 이렇듯 1년 동안 비수기-성수기-비수기-성수기로 반복된다고 할 수 있다. 물론 성수기와 비수기가 완전히 구분이 되어 나타나지 않는 경우도 있다. 정부 정책이나 개발 호재에 따라 성수기-비수기가 구분이 안 될 때도 있다.

나는 공인중개사에게 하루라도 빨리 부동산 공부를 하라고 이야기한다. 특히 내가 부동산 중개 실무 강의를 할 때는 '공부하는 공인중개사가 살아남는다.'라고 강조한다. 부동산 관련된 공부는 끝이 없다. 특히 언제까지 아파트만 중개를 할 수 없기 때문에 다른 전공과 부전공을 공부해야 한다. 상가 중개와 토지 중개를 하기 위해서는 관련 법률과 실전 사례를 알고 있어야 한다. 분양권 중개를 하기 위해서는 분양 자격과 청약 제도에 대한 숙지가 필요하다. 부동산 비수기 시즌이 공부하기 좋은 시기라고 할 수 있다. 이때 공부를 열심히 하는 공인중개사는 어려운 시기가 와도 살아남을 수 있다. 미리 준비하고 미래에 대한 공부를 해야 한다.

요즘 부동산 중개 실무학원에 가면 상가 중개 실무 과정과 토지 중개 실무 과정의 강의가 개설된 곳이 많다. 시간을 내서 공부를 하면 처음에는 어렵고 힘들지만 계속 반복하다 보면 중개의 대상 폭이 넓어질 수 있다. 언제까지 주택, 아파트, 빌라 손님만 중개할 수는 없는 것이다. 그리고 중개 실무학원에는 수강생 대부분이 예비 개업공인중개사이기 때문에 공동중개를 위한 인맥을 넓히는 것도 좋은 방법이다.

같은 아파트 단지에 계시는 S소장님은 공부를 많이 하기로 소문이 난 소장님이다. 매일 손님이 없으면 책과 인터넷 동영상 강의를 통해 공부를 한다. 부동산학 박사인 나보다 아는 것이 더 많다. 중개업을 하신 지 오래되셨기 때문에 중개업 관련 노하우와 법률적인 지식이 매우 뛰어나다.

나도 가끔 모르는 것이 있으면 찾아뵙고 자문을 구하는데 갈 때마다 많은 가르침을 받고 있다. S소장님 사무실에는 손님뿐만 아니라 같은 개업공인중개사들이 자문을 구하기 위해 많이 찾는다. 항상 사무실이 손님으로 가득 찬다. 숨은 고수들은 지금도 현장에서 공부를 하면서 자신의 능력을 업그레이드 한다.

부동산 중개가 수동적 활동이면 부동산 투자는 능동적 활동이다

그리고 부동산 중개 공부뿐만 아니라 투자 공부도 병행해야 한다. 나는 앞에서 '공인중개사는 제1선의 투자자다.'라고 말했다. 물건이 접수되었을 때 이 물건이 투자 가치가 있는 물건인지 아닌지를 구별할 수가 있어야 한다. 또한 공인중개사 스스로 투자를 해야 한다고 주장했다. 부동산 중개와 부동산 투자는 하늘과 땅 차이다. 부동산 중개는 가격이 오르든 내리든 거래만 자주 발생하면 공인중개사는 부동산 수수료를 받는다. 그러나 부동산 투자는 시세 차익이 발생해야 수익이 남는다. 잘못 투자를 하면 금전적인 손해가 발생할 수 있다. 부동산 중개가 수동적 활동이면 부동산 투자는 능동적 활동이다.

부동산 투자는 경제 흐름을 알아야 한다. 정부 정책 방향도 알아야 한다. 투자할 지역의 개발 계획과 도시 계획도 알고 투자를 해야 한다. 그리고 언제 얼마에 투자를 할 것인지를 판단해야 한다. 부동산 투자는 첫술에 배부를 수 없다. 투자를 하다가 실패도 할 수 있다. 실패도 경험이다. 나도 처음 부동산에 입문한 이유가 아버지 말만 믿고 투자했던 아파트 분양권 투자가 실패하면서 시작하게 되었다고 했다. 누구의 잘못도 아니다. 모든 것이 내 잘못이다. 그때 부동산 투자 실패를 하지 않았다면 지금의 나도 없을 것이다. 그때의 투자 교훈이 밑거름이 되었다.

우리는 인생을 살면서 수많은 선택과 결정을 하고 살아간다. 심지어 오늘 점심을 무엇을 먹을지도 선택해야 한다. 매일 선택해야 한다. 그리고 볼펜을 한 자루 살 때도 이것을 살까 저것을 살까 디자인과 가격을 꼼꼼히 따져보고 선택을 하게 된다. 그러나 그것보다 몇천 배는 비싼 부동산을 사면서 공부도 하지 않고 현장 확인도 하지 않으면서 투자를 하면 어떻게 될 것인가? 백전백패를 할 것이다. 실패는 성공의 어머니다. 그럼 아버지는 무엇일까? 나는 공부라고 생각한다. 공부는 성공의 아버지다. 살면서 평생 동안 해야 될 것이 3가지가 있다고 했다. 첫째는 운동, 둘째는 투자, 셋째는 공부다. 이 세 가지는 평생 여러분이 하고 살아야 되는 인생의 동반자다. 무엇 하나 소홀해서는 안 된다.

나는 아파트 분양권 투자 실패를 맛보고 본격적으로 부동산 공부를 시작했다. 경매부터 시작해서 아파트, 빌라, 상가, 토지 등의 부동산 강의를 듣기 시작했다. 그리고 부동산 투자 관련 책도 읽으면서 저자의 성공 스토리를 배울 수 있었으며 자신감도 가질 수 있었다. 부동산 공부와 현장을 돌아다니면서 물건 보는 법을 배우게 되었다. 그러면서 나한테 맞는 투자 방식을 찾게 되었다. 나는 투자할 종잣돈이 부족했기 때문에 소액 부동산 투자를 주로 했다. 지금도 부동산 경기가 좋지 않아 거래가 안 되는 상황 속에서도 투자했던 부동산에서 월세 통장이 있기 때문에 살아가는 데 큰 힘이 된다.

공인중개사는 부동산을 중개해서 중개수수료를 받는 직업이다. 그러나 부동산 중개는 부동산 경기와 정부 정책으로 인해 많은 영향을 받는다. 언제 어떻게 중개 시장이 돌변할지 모른다. 부동산 중개만 믿었다간 큰코다칠 수가 있다. 나는 이 책을 쓰면서 한결같이 강조하고 있다. 공인중개사는 하루라도 빨리 부동산 투자 공부를 해야 한다. 그리고 부동산 투자를 하면서 수익을 창출해야 한다. 중개와 투자를 병행하는 공인중개사는 불황에도 살아갈 수 있는 지혜가 있다.

08.

변호사처럼 창업하고
대기업처럼 경영하라

부동산 사무실은 싼 게 비지떡이다. 잘 알아보고 창업하자!

지금 부동산 중개 시장은 포화 상태다. 너무나 경쟁자가 많기 때문에 하루하루 치열한 경쟁을 하면서 살아가고 있다. 옛날 복덕방과 지금의 공인중개사 사무소는 많은 변화가 일어났다. 일단 주변에 부동산 사무실이 없는 곳이 없다. 어떤 곳은 아파트 상가 전체가 부동산 사무실로 채워진 단지도 있다. 여기서 살아남기 위해서는 공인중개사 사무실을 동네 구멍가게가 아닌 전문 경영인이 운영하는 대기업처럼 발전시켜야 한다. 체계적인 경영이 필요한 것이다.

그러나 대부분의 공인중개사들은 협회에서 진행하는 연수 교육을 받고 아무 고민 없이 창업을 하는 경우가 많다. 특히 대단지 아파트에 공동망이 있는 것도 확인 안 하고 권리금이 없다고 바로 계약을 하는 중개사도 있다. 그런 곳은 조금 심하게 말하면 창업과 동시에 폐업을 걱정해야 한다.

몇 년 전 실제 있었던 이야기다. 그때는 부동산 경기가 좋았기 때문에 공인중개사 사무실 개업이 많은 시기였다. 나의 부동산 중개 실무 강의를 들은 초보 여자 소장님이 나와 같은 단지 아파트에 사무실을 열었다고 개업 떡을 해서 사무실로 찾아오셨다. 너무나 밝은 표정으로 사무실을 방문했는데 나는 머릿속에 뭔가 잘못되었다는 생각이 스쳐 지나갔다. 알고 보니 나와 같은 아파트 단지 내 상가이긴 했지만 우리와는 공동중개를 할 수 없는 공동망이 없는 사무실을 계약한 것이었다. 그래서 나와 같은 단지에 창업을 해도 새로 오는 공인중개사를 몰랐던 것이다. 미리 나에게 여기에 창업을 해도 되는지 한 번만 물어봤다면 좋았을 텐데…. 때는 이미 늦어버렸다. 결국 그 여자 소장님은 3개월 정도 운영하다가 폐업을 했다. 특히 아파트 단지 내 중개사무소에 공동망이 없다고 하면 사형선고나 마찬가지다. 절대 혼자서는 중개를 하기 어렵기 때문이다. 세상에 독불장군은 없다.

이처럼 몇 년간 어렵게 공부해 공인중개사 시험에 합격하고, 합격 후에 가장 중요한 창업을 소홀히 하는 공인중개사가 너무나 많다. 내가 아는 초보 공인중개사들이 창업할 때 실수를 하는 대부분이 임대료가 저렴한 사무실을 찾으려고 하기 때문이다. 그리고 권리금이 없는 사무실을 찾으려고 한다는 것이다.

나는 초보 공인중개사가 창업을 하려고 하면 월세가 너무 저렴한 곳은 피하라고 한다. 왜냐하면 위치가 좋지 않기 때문이다. 월세가 저렴한 것은 이유가 있다. 그리고 권리금이 있는 사무실을 창업해야 성공할 수 있다. 권리금이 있다는 것은 계약이 많다는 것이고 손님 장부가 있다는 것이다. 앞으로 계약을 할 수 있는 명단이 있는 사무실에 들어가야 성공할 수 있다.

그래서 부동산은 사무실 입지가 매우 중요하다. 손님의 입장에서 보면 사무실을 방문할 때 입지를 보고 찾아오지 공인중개사가 누구인지에 따라서 방문하지 않는다는 것이다. 그러면 초보 공인중개사는 입지가 좋은 곳에 창업을 해야 살아남을 수 있는 것이다. 그러나 '나는 처음인데 계약이 안 되면 어떡하지?', '그냥 연습 삼아 창업을 해보는 거야.' 등의 안이한 생각으로는 백전백패를 할 수밖에 없다고 생각한다. 아니면 계약이 될 수 있도록 기도만 해야 한다.

변호사처럼 창업하고 대기업처럼 경영하는 공인중개사가 살아남는다

공인중개사는 부동산 창업을 할 때 신중하고 꼼꼼하게 진행해야 한다. 그리고 창업을 했으면 사무실 운영도 체계적으로 하고 계획적인 생활을 해야 한다. 보통 공인중개사들은 창업 후 한 달은 정말 열심히 한다. 출근도

일찍 하고 청소도 열심히 하고 공부도 열심히 한다. 그러나 이런 초심이 한 달이 지나면 점점 없어지면서 매일 사무실에서 인터넷 검색만 하면서 시간을 보낸다.

개업공인중개사는 보통 사무실을 혼자 운영하거나 실장 한 명을 두고 운영하는 곳이 대부분이다. 그래서 사무실 운영에 대한 원칙이 없고 대표 소장의 개인적인 스타일대로 운영된다. 계약이 많은 달은 계약 준비와 안내 등의 업무로 바빠서 정신이 없다. 그러나 계약이 없고 손님이 없는 달은 하루 종일 컴퓨터만 보고 논다. 그런 생활이 반복되면 발전이 없다. 손님이 오든 안 오든 매일 스케줄대로 일정을 진행해야 한다.

나는 보통 사무실 출근 후 물건 체크 및 정리를 한다. 부동산 광고 물건을 파악해서 인터넷에 올려야 한다. 그리고 어제 방문한 손님 전화번호를 체크해서 피드백을 한다. 혹시 어제 보고 간 부동산에 대해서 확인을 하는 것이다. 그리고 주변 부동산 실거래가를 확인하고 최근에 거래된 사례와 가격을 파악해놓는다. 이것만 해도 1시간 정도 지나간다. 그리고 중개 노트에 정리된 세대별 거래 정보와 전·월세 정보를 파악하여 전·월세 만기가 다가온 세대에 전화를 해서 물건을 접수받는다. 그리고 신문을 보거나 부동산 임장을 위해 돌아다닌다. 매일 일상생활을 계획적으로 하려고 노력한다.

결국 창업은 했으나 준비 부족과 시장 상황을 파악하지 못해 사업을 제대로 해보지도 못하고 도산을 한다. 그리고 고객에게 좋은 평가를 받지 못해 실패함으로써 많은 빚을 남기고 폐업하게 되는 사례가 늘고 있다는 뉴스도 자주 보게 된다. 결코 창업이 목표가 되어서도, 창업부터 하고 보는 무모한 도전이 되어서도 안 된다. 창업이 아니라 장기적인 사업을 염두에 두고 시작해야 하며, 이미 성공해놓고 시작하는 창업이 되어야만 한다.

그럼 성공적인 창업이 되려면 어떻게 해야 할까?

공인중개사는 어느 구름에서 비가 내릴지 모르는 불확실한 미래를 가지고 살아가는 직업이다. 그러나 비가 오기만을 기다리는 게 아니라 비가 오지 않더라도 살아갈 수 있는 능력을 가져야 성공할 수 있는 직업이다. 공인중개사의 창업은 1인 창업이 대부분이기 때문에 대표소장의 능력과 경험에 의해 사업의 승패가 결정된다. 창업에서부터 경영에 이르기까지 독단적으로 판단하고 행동하게 되면 성공하기 어렵다. 변호사처럼 꼼꼼하게 창업 준비를 하고 대기업처럼 체계적으로 경영을 해야 이 어려운 중개업 시장에서 살아남을 수 있을 것이다.

당신도 돈 잘 버는 공인중개사가 되어라!

지금 전국의 부동산 시장이 얼어붙으면서 폐업하는 개업공인중개사들이 늘어나고 있다. 반면 부동산 불황기에도 월 천만 원 이상 돈을 꾸준히 잘 벌고 있는 공인중개사도 주변에 많다. 무엇이 부자 공인중개사와 가난한 공인중개사로 나누는가?

고객을 부자로 만들기 위해서는 개업공인중개사부터 부자가 되어야 한다. 그래야 나도 부자이기 때문에 당신도 부자로 만들어줄 수 있다고 손님을 설득할 수 있다. 그런데 개업공인중개사 대부분은 겨우 사무실 임대료를 맞추면서 어렵게 살고 있다. 이런 상황에서 손님에게 부자로 만들어드릴 테니 나를 믿고 계약하라고 하면 앞뒤가 맞지 않는다.

전국의 많은 공인중개사들은 가난한 것이 현실이다. 나는 공인중개사도 충분히 부자가 될 수 있다고 생각해서 이 책을 쓰게 되었다. 그럼 독자들은 물어볼 것이다. "책을 쓴 저자는 부자입니까?"라고 물으면 나는 아직 큰 부자는 아니다. 그러나 부자가 되기 위해 지금도 노력하고 있다. 부자처럼 월세가 엄청 나오지는 않지만 중개 시장이 어려워도 먹고살 만큼 파이프라인을 갖고 있다.

지금 한국 사회는 부동산 침체기의 길을 걷고 있다. 거래 절벽으로 많은 개업공인중개사가 폐업을 하고 있다. 폐업을 할 수 있는 개업공인중개사는 오히려 운이 좋다. 사무실이 거래가 되었기 때문이다. 안타깝게도 대부분의 개업공인중개사는 폐업을 하고 싶어도 새로운 임차인을 구하지 못해 힘들어한다.

물론 이런 환경 속에서도 거래를 잘하는 개업공인중개사도 있다. 그중에는 운이 좋아 거래를 하는 곳도 있다. 그러나 불황을 대비해서 물건을 모으고 손님에게 앞으로 오르는 지역을 브리핑하여 부동산을 거래하는 개업공인중개사도 있다. 그러면 이상하게도 시간이 지나면 부동산 가격이 상승한다. 그러면 손님들은 돈을 벌게 해준 개업공인중개사에게 열광하게 되어 있다. 투자의 맛을 본 손님들은 다른 개업공인중개사의 말을 들을 필요가 없다. 돈 잘 버는 공인중개사는 점술가인가? 아니면 미래를 연구하는 미래학자인가? 둘 다 틀렸다. 그들도 우리와 똑같은 공인중개사다. 그러나 그들은 이런 부동산 가격의 사이클을 정확히 알고 있다. 예전에도 떨어진 곳은 반드시 올랐기 때문이다.

나는 책에서 공인중개사도 타 공인중개사와 차별성을 가져야 한다고 했다. 돈을 잘 버는 공인중개사는 남들이 가지고 있지 않은 비밀 노트를 가지고 있다. 경험에서 나오는 노하우와 자신만의 실력에서 나오는 중개 비법을 가지고 있다는 뜻이다. 우리 주변에 많은 개업공인중개사들이 계약이라는 목표만 가지고 생활한다. 그러나 현실은 녹록지 않다. 지금처럼 거래 절벽인 현실 앞에서 개업공인중개사도 많은 어려움을 겪게 된다. 그래서 개업공인중개사는 부동산 경기가 좋지 않을 때를 대비해서 중개와 투자를 병행해야 한다. 소수의 부자 공인중개사들은 부동산 경기가 좋지 않은 지금도 부동산 투자를 병행하고 있다. 개업공인중개사는 제1선에 있는 투자자이기 때문이다.

부자 공인중개사와 부자들은 공통점이 있다. 부동산 경기 사이클을 정확히 안다는 것이다. 그러면 그들은 어떻게 부동산 경기 사이클을 정확하게 알고 있을까? 그것은 경험에 의한 학습 효과로 부동산 투자 노하우가 많다는 것이다. 예전에도 불황이 있었고 부동산 거래 절벽이 있었다. 부동산은 시간의 문제라서 부동산 경기 사이클이 정부 정책과 수요·공급에 따라 움직이면서 상승장 하락장을 반복한다. 부자 공인중개사는 하락장에 투자하여 상승장에 팔고 나온다. 부동산 경기 사이클은 현장에 있는 개업공인중개사가 제일 먼저 안다. 결국 개업공인중개사는 중개만 아닌 투자도 병행하면서 파이프라인을 만들어야 한다. 꼭! 명심하길 바란다.

여러분도 돈 잘 버는 공인중개사가 되라! 이 책은 여러분이 부자 공인중개사가 되는 데 효과적인 로드맵이 될 것이다. 그러나 부동산 중개업을 약 10년간 하면서 이 책에 모든 노하우를 다 적어내기에 한계가 있음을 많이 느낀다. 책으로 표현하지 못하는 노하우는 필자가 운영하는 〈제대로부동산아카데미〉에서 오프라인 강의로 대신할 것이다. 그리고 유튜브 채널 〈제대로박사TV〉에서 정보를 공유할 것이다.

이 책이 나오기까지 물심양면으로 도와주신 굿웰스북스 출판사 관계자에게 감사를 전한다. 그리고 필자가 여기까지 성장할 수 있도록 많은 지도와 기회를 주신 동의대 부동산대학원 강정규 원장님께도 감사드린다. 또한 바쁘신 중에도 추천의 글을 적어주신 이종혁 한국공인중개사 협회장님, (주)미스터홈즈 중개법인 고상철 대표님, (주)상가몽땅 최원철 대표님 그리고 30년간 중개업 현장을 누비고 계신 김종언 소장님께 감사드린다.

마지막으로 지금 이 시간에도 현장에서 고생하고 있는 전국의 개업공인중개사님들에게 깊은 존경과 응원의 마음을 전한다.